AF209691

Astrid Svedérus

Henrik Tangen

EVIDENSBASERAD HR

VAD, VARFÖR OCH HUR

FSC
www.fsc.org
MIX
Papper från
ansvarsfulla källor
Paper from
responsible sources
FSC® C105338

Evidensbaserad HR

Vad, varför och hur

Förlag: BoD · Books on Demand, Östermalmstorg 1,
114 42 Stockholm, Sverige, bod@bod.se

Tryck: Libri Plureos GmbH, Friedensallee 273,
22763 Hamburg, Tyskland

Kopieringsförbud

Detta verk är skyddat av upphovsrättslagen. Intrång i upphovsmannens rättigheter enligt upphovsrättslagen kan medföra straff (böter eller fängelse), skadestånd och beslag/förstöring av olovligt framställt material. Automatiserad teknik vilken används för att analysera text och data i digital form i syfte att generera information, enligt 15a, 15b och 15c §§ upphovsrättslagen (text- och datautvinning), är förbjuden.

© 2025 Astrid Svedérus & Henrik Tangen

ISBN: 978-91-8097-096-9

Innehåll

Författarnas förord

Vi som har skrivit den här boken är själva HR-praktiker med erfarenhet av operativt, taktiskt och strategiskt HR-arbete i olika typer av organisationer. Vi båda har en akademisk bakgrund inom beteendevetenskap och tror att kunskap om psykologi, pedagogik och sociologi är relevant för att förstå mänskligt beteende på arbetsplatsen. Många kan nog hålla med oss om det antagandet.

En gemensam erfarenhet vi har av att röra oss mellan akademin och praktiken är att kopplingen däremellan ofta är svag. Vi har upplevt rekryteringsprocesser som går helt emot forskningen på effektfulla urvalsmetoder, arbetsmiljöarbeten som bygger på gissningar snarare än forskningsbaserade insatser, och kompetensutvecklingsinsatser som inte tar hänsyn till kända faktorer som ökar lärande och beteendeförändring.

Vi ser ofta att HR-praktiker utgår från lättillgänglig information från böcker och internet, eller tittar på vad andra organisationer gör, när de fattar beslut om HR-leveranser. Ibland leder det till bra beslut, men många gånger missar de andra, mer effektfulla, HR-leveranser. I värsta fall kan det resultera i direkt skadliga beslut och leveranser. Ett exempel är den tidigare populära trenden att kategorisera människor efter olika färger, och baserat på deras "färg" fatta beslut om anställning, gruppsammansättning, omplacering och bemötande. Trots att denna metod saknar vetenskapligt stöd valde många HR-funktioner att ta till sig "färgläran"; vilket ledde till att pseudovetenskapliga metoder infördes i organisationer och samtidigt satte etiketter på människor. Detta kom senare att kallas för den största pseudovetenskapliga skandalen i Sverige (Folkvett, 2019).

Vi ställer oss frågan; vad skulle det kunna innebära om HR-arbetet blev mer evidensbaserat? Målet med ett evidensbaserat förhållningssätt är att öka sannolikheten för att vi faktiskt når de resultat vi vill uppnå. Om det så handlar om en mer välmående arbetsplats, bättre prestationer, mer effektiv kompetensförsörjning, nöjdare medarbetare eller något annat. Vi tror att HR skulle må bra av att fokusera mindre på att bocka av aktiviteter för att visa att "man gör något" och i stället prioritera mer träffsäkra och effektfulla leveranser genom ett evidensbaserat arbetssätt. Dessutom anser vi att det finns ett moraliskt ansvar att basera beslut på trovärdiga källor snarare än att följa populära trender.

Genom att kombinera vår kunskap och vårt engagemang för att hjälpa HR-funktioner att arbeta mer evidensbaserat, hoppas vi att denna bok blir ett värdefullt verktyg för dig. Syftet med denna bok är att ge dig som läsare en introduktion till *vad* evidensbaserad HR är, *varför* det är viktigt och *hur* du kan tillämpa det i praktiken. Målet är att inspirera och väcka intresse för ämnet, och framför allt att ge dig verktyg och kunskap för att börja tillämpa evidensbaserad HR i din organisation.

Astrid Svedérus
Henrik Tangen

Introduktion

Föreställ dig att du precis fick beskedet av verkstaden att din gamla trotjänare till bil behöver gå i pension och att du nu står inför uppgiften att köpa en ny bil. Beslutet kommer att påverka din ekonomi, med återkommande kostnader för reparationer, service och underhåll med mera. Men alla bilar är inte skapade lika när det gäller kostnader och passform för dina behov och önskemål. En möjlig strategi är att impulsivt köpa den första bilen du hittar och hoppas på det bästa. Men du håller säkert med om att det inte är det mest förnuftiga sättet att närma sig ett sådant viktigt beslut. I stället är det klokt att göra en grundlig undersökning för att förstå olika bilmodellers egenskaper och kostnader. På nätet kan du hitta allt från användarrecensioner till officiell statistik från bilprovningen. Bilhandlaren ger så klart positiva omdömen för de modeller de säljer, medan vänner och bekanta kan bidra med personliga erfarenheter om bilar de har haft och äger. Att navigera genom denna stora mängd information kräver tid och noggrannhet. Det handlar om att bedöma olika typer av informationskällor och väga deras påståenden mot varandra. Genom att investera tid och energi i att fatta ett välgrundat beslut kan du öka chansen att hitta en bil som passar dina behov och plånbok på bästa möjliga sätt.

Även i arbetslivet ställs vi inför utmaningen att bedöma olika informationskällor som på olika sätt försöker påverka våra val och beslut. Att navigera i allt detta och välja rätt alternativ för vår organisation och situation är en svår uppgift. Som svar på det, för att vi ska kunna bedöma olika källor och fatta kloka beslut, har evidensbaserad HR (EBHR) utvecklats. Det är vad den här boken handlar om. Inför de flesta beslutssituationer söker vi efter någon form av information som vi kan luta oss mot i beslutet. Inom arbetslivet kan det handla om att bedöma och välja ett nytt itsystem, upphandla en ledarskapsutbildning eller hitta metoder och verktyg för att förbättra samarbetet i en arbetsgrupp. Mer sällan överväger vi vad informationen består av och hur pålitlig den faktiskt är. Eftersom vi gärna utgår från våra egna erfarenheter och inte minst sneglar på vad andra organisationer gör, riskerar vi att missa viktiga informationskällor som vi egentligen borde ta hänsyn till.

När vi inte använder information från flera olika typer av källor och inte heller följer en strukturerad process ökar vi risken för att fatta sämre beslut och leverera mindre effektfulla insatser. En konsekvens blir att aktiviteter och arbetssätt blir som en schweizerost, full av hål och luft. För att täppa till hålen behöver vi använda en större mångfald av information och bedöma dess trovärdighet och relevans. Evidensbaserad HR kan hjälpa till med det. Med ett evidensbaserat förhållningssätt får du en större tydlighet och systematik i hur du fattar beslut i ditt arbete. Det kan i sin tur förbättra aktiviteter och arbetssätt, samtidigt som du undviker att okritiskt följa populära trender, influerare på Linkedin, föråldrade traditioner och magkänslan.

DEL 1 – HR

I del 1 fokuserar vi på HR som funktion, vad HR gör och hur HR-funktionen bidrar till organisationens värdeskapande.

HR-funktionen

Den historiska utvecklingen av personalfunktionen (PA, personaladministration) har skildrats av både författare och forskare (se exempelvis Boglind m.fl., 2013; Thilander, 2013; Damm & Tengblad, 2000; Granberg, 2011; Tengblad, 2000). Embryot till PA-funktioner föddes under 1920-talet, men det tog ytterligare ett decennium innan PA-funktionen fick en tydlig form. Under denna tidsperiod fanns i samhället en strävan efter att undanröja sociala missförhållanden och i slutänden driva fram lösningar av viktiga samhällsproblem. Denna anda spred sig till yrkeslivet och gav effekten att allt fler företag började intressera sig för arbetsmiljöförhållanden, ett arbetsområde som delvis hamnade på PA-funktionen.

PA-funktionen under 1950-talet, som främst utgick från att personalarbetet skulle baseras på beprövad erfarenhet, utmanades under denna period av olika idéer med bas i akademisk beteendeforskning. I den andan inrättades i Sverige år 1952 Personaladministrativa rådet (PA-rådet), som bestod av representanter från fackliga organisationer, staten och industrin. Syftet med rådet var att lyfta fram behovet av personaladministration som en del av företagsadministrationen genom att främja arbetsvetenskaplig forskning och verka för praktisk tilllämpning. En möjlig konsekvens av denna förändring var att personalarbetet också blev mer administrativt inriktat. Samtidigt växte kurser och utbildningar i personaladministration fram på olika lärosäten, vilket förstärkte professionens

15

administrativa roll. Under följande årtionde, 1960-talet, gick PA-funktionen in i en ny fas. Många av dem som arbetade inom PA-funktionen skulle nu agera konsult åt cheferna och ge service åt alla anställda.

Under 1970-talet betonades idéer om att människan skulle ha möjlighet att förverkliga sig själv genom utbildning och arbete. Arbetet blev i och med det ett mål i sig, och förväntningarna på att arbetsuppgifterna skulle leda till personlig utveckling blev större. PA-funktionen fick nu i uppdrag att främja såväl företagets produktivitet som medarbetarnas arbetstillfredsställelse och motivation. Det var även under detta årtionde som lagar som medbestämmandelagen och arbetsmiljölagen infördes. En följd av dessa nya lagar blev att PA-funktionerna fick ökade krav på sig, men det banade också väg för en mer strategisk funktion. Under 1980-talet blev ledningsperspektivet alltmer gällande, vilket innebar att PA-funktionen fick större fokus på områden som ledning och affärsverksamhet. De mänskliga resurserna, det vill säga medarbetarna, sågs nu som den viktigaste konkurrensfaktorn.

Under slutet av 1990-talet och början av 2000-talet har allt fler PA-funktioner genomgått en förändring, från PA till HR, human resources. Denna omvandling har lett till att arbetsom-rådet breddats, och många PA-funktioner har också ändrat sitt namn till HR-funktionen. Före denna omvandling var det något enklare att beskriva vad en PA-funktion levererade. Det var ofta uppgifter av mer administrativ karaktär, som upprättande av anställningsavtal och att ta fram personalstatistik. De flesta arbetsuppgifterna hade till syfte att underlätta för linjechefer och i förlängningen för deras med-arbetare. Omvandlingen till HR har i en del fall fått konsekvensen att HR-funktionen fått allt fler ansvarsområden och arbets-upp-gifter. Funktionen har framför allt blivit ett arbetsgivar-stöd, och en del leveranser ställer dessutom krav på organisat-ionens linjechefer. En konsekvens av att HR-funktionen inte bara ger service utan också bistår med strategiskt stöd och styr-ning är att det ger ett ökat behov av tydlighet gällande vad som ska levereras. Att balansera service, stöd och styrning är en svår utmaning. Det kan skapa frustration när gränserna blir otydliga. Oavsett vilken del som prioriteras i en organisation är grunden dock densamma: HR:s uppgift är att hjälpa verk-samheten att nå sina mål.

Till ledningsbordet

Övergången från PA till HR har varit lite som smörjmedel för HR-funktioner att inta en mer naturlig plats vid ledningsbor-det. Denna förändring har skett dels organiskt, i takt med att HR-arbetet utvecklats och expanderat, dels genom det som kommit att kallas HR-transformation. I början av 2000-talet förändrade många organisationer sin HR-funktion utifrån konceptet HR-transformation. Det främsta syftet med kon-ceptet var att omvandla HR-arbetet så att det blev mer effek-tivt, strategiskt och värdeskapande.

För att uppnå syftet med HR-transformation ska HR orga-niseras som en shared service-organisation, som ofta delar in HR i en serviceenhet, en enhet för verksamhetsnära HR-stöd

17

och en expertenhet. Serviceenheten levererar standardiserade administrativa tjänster och erbjuder självservice via en HR-portal eller andra digitala lösningar. Målet är att effektivisera och låta linjecheferna ta större ansvar, för att på så sätt ge HR-funktionen ett ökat utrymme för ett strategiskt och värdeskapande HR-arbete. HR-medarbetarna som ger verksamhetsnära stöd, ibland kallade HR-partners, fungerar som linjechefernas rådgivare och bollplank i HR-frågor. De är även HR-funktionens ansikte utåt i organisationen och ska säkerställa att linjecheferna följer beslutade HR-processer. Expertenheten består av HR-specialister som stödjer HR-partners inom specifika områden och ansvarar för process- och metodutveckling.

Flera forskare (se exempelvis Cooke, 2006; Redman m.fl., 2007; Boglind m.fl., 2011;2013; McCracken & McIvor, 2013) har studerat HR-transformationer och deras konceptuella ramverk och resultat. Deras forskning skildrar hur de flesta organisationer som genomgått HR-transformation har landat i någon form av shared service-organisation samtidigt som det har varit utmanande att tydligt påvisa fördelarna för linjecheferna eller HR-funktionens strategiska roll. Utifrån ett mer positivt perspektiv har HR-transformation delvis banat väg för HR-funktionens plats vid ledningsbordet i flertalet organisationer. Men det som nu behövs är ett förhållningssätt som ger verktyg och trovärdighet för HR-funktionen och deras leveranser.

18

HR och värdeskapande

Ett säljande argument för att påbörja en transformation har varit att HR har potentialen att bli mer värdeskapande. Även om denna säljpitch kan uppfattas lockande har det varit desto svårare att ge en konkret definition av vad värdeskapande innebär i praktiken. Detta kan leda till en klyfta mellan förväntningar och behov, särskilt eftersom säljpitchen främst har riktat sig till HR och sällan mot chefer i organisationen.

Om vi tar på oss våra ekonomiska glasögon borde värdeskapande resultera i ökad lönsamhet på längre sikt. Flera forskare (se exempelvis Huselind, 1995; Guest m.fl., 2011) har utforskat förhållandet mellan HR-leveranser och organisationers lönsamhet. Även om analyserna visar ett positivt samband, är det svårt att bevisa ett direkt orsakssamband. Detta beror på att HR-funktionens prestation och värde kan variera av olika skäl. Därför är det svårt att göra en direkt koppling mellan HR och lönsamhet, men vi kan ändå säga att HR skapar förutsättningar för ökad lönsamhet.

Att fråga om HR skapar värde är som att fråga om medicin fungerar. Det är helt enkelt en dålig fråga. I stället borde vi fråga vilka HR-leveranser som fungerar för specifika problem eller situationer. Vi bör också fråga om vissa HR-leveranser gör mer skada än nytta, eller om fördelarna med att göra något överväger nackdelarna med att inte göra något. Det är svårt att säga att det finns HR-leveranser som alltid leder till ökad lönsamhet eller automatiskt skapar värde. I stället är det viktigt att identifiera och implementera strategier, arbetssätt och metoder som passar den specifika kontexten och som kan bidra till önskade affärsresultat. Det innebär att HR-leveranserna måste anpassas efter organisationens behov och utmaningar för att ge positiva effekter.

Vad HR gör

Om vi tar en titt på hur svenska högskolor och universitet presenterar HR-utbildningar på sina webbplatser, framgår det att dessa utbildningar passar dem med ett stort intresse för människor och organisationer. Utbildningarna ska ge kunskaper inom områden som personalplanering, rekrytering, organisations- och kompetensutveckling, ledarskap, arbetsmiljöarbete samt arbetsrätt. Efter avslutad utbildning beskrivs det för studenterna att potentiella arbetsuppgifter inkluderar rekrytering, organisations-, ledarskaps- och kompetensutveckling, kompetensförsörjning, stöd till ledning, arbetsrättsfrågor, personalekonomi, arbetsmiljö-, konflikt- och förhandlingsarbete.

Flera svenska studier (se till exempel Ferm m.fl., 2023; Wallo & Coetzer, 2023) visar att HR-funktionernas roll ofta är bred, oklar och saknar en tydlig identitet. Denna osäkerhet leder till svårigheter att definiera HR-relaterade frågor och gör att HR-praktiker känner sig osäkra när de ska besvara frågor om sitt dagliga arbete. En annan aspekt av HR-rollen är att den ofta förväntas prioritera allt. Dessutom upplever vissa HR-praktiker att deras roll uppfattas som avskild och hemlighetsfull. Denna avskildhet, tillsammans med tvetydigheten och oklarheten i HR-rollen, skapar frustration och utrymme för

20

personlig tolkning av HR-rollens professionella identitet och arbetsuppgifter.

I studierna beskrivs HR-arbetet som fragmenterat, präglat av många möten och få möjligheter till ostört arbete. En typisk arbetsdag börjar oftast med att läsa e-post, som till viss del sedan styr arbetsdagens aktiviteter, ofta baserade på förfrågningar från chefer. HR-arbetet beskrivs också som reaktivt, med många akuta ärenden som prioriteras framför planerade och strategiska uppgifter. Huvudsakliga arbetsuppgifter inkluderar att stötta chefer inom organisationen, främst genom att hantera operativa frågor och rutinartad administration. På det här sättet tenderar HR-arbetet att spegla arbetssituationen hos chefer de stöttar. När chefernas arbete är fragmenterat, reaktivt och operativt blir också HR-arbetet det i högre utsträckning.

Forskningen antyder alltså att vissa HR-funktioner i Sverige inte har utvecklats i den tänkta riktningen, det vill säga från en administrativ och operativ roll till en mer taktisk och strategisk roll. Studierna lyfter även fram en skillnad mellan den proaktiva bilden av HR-arbetet som ofta framställs i populärvetenskaplig litteratur och beskrivningar av HR-utbildningar, och den reaktiva, improviserade verkligheten som många upplever. Resultatet skildrar utmaningen att arbeta strategiskt och behovet av att tydliggöra professionen. Evidensbaserad HR har potential att bidra till detta genom att göra leveranser tydligare och stärka HR-funktionens professionella trovärdighet.

Att beskriva vad HR gör är med andra ord ganska utmanande. Strukturen inom HR, liksom tillgången till resurser, påverkar i hög grad vilka uppdrag en HR-funktion kan och kommer att ha. En HR-funktion med begränsade resurser kan behöva vara mer fokuserad på administrativa uppgifter såsom lönehantering och rekrytering, medan en mer resursstark HR-funktion kan ta sig an mer strategiska och utvecklingsorienterade uppdrag.

Utöver strukturen och resurserna påverkas HR-funktionens uppdrag även av organisationens konjunktur och marknadsläge. Om organisationen prioriterar tillväxt och innovation kan HR få i uppdrag att fokusera på att attrahera och behålla talangfulla medarbetare samt att utveckla medarbetarskap som främjar kreativitet och nyskapande. Om organisationens huvudfokus i stället ligger på att effektivisera verksamheten kan HR behöva fokusera på att förbättra arbetsprocesser och förhandla om omorganisation. HR-funktionens uppdrag är därmed inte en fastlagd eller enhetlig uppsättning av arbetsuppgifter, utan snarare dynamiskt och anpassningsbart baserat på förändringar i omvärlden och organisationens behov.

Summering – del 1

HR-funktionen har utvecklats från personaladministration (PA) till human resources (HR), och dess uppdrag har utvidgats till att omfatta en mer strategisk roll. Detta innebär att HR nu bidrar både till operativa och strategiska mål inom organisationen. Historiskt sett har PA-funktionen varit mer administrativ och operativ, men med övergången till HR har fokus skiftat mot att stödja ledningen och bidra till organisationens övergripande strategi. HR-transformationen har lett till att många HR-funktioner nu organiseras som en shared service-organisation, vilket innebär att HR levererar både standardiserade tjänster och strategiskt stöd.

De mest väsentliga delarna att ta med sig är:

- HR-funktionen har utvecklats från en administrativ roll till en strategisk partner inom organisationer.
- HR-transformationen har möjliggjort för HR att ta en plats i ledningsgruppen.
- Utmaningen för HR är att balansera service, stöd och styrning samt att tydliggöra vad som ska levereras.

Reflektionsfrågor:

1. Hur ser balansen ut mellan service, stöd och styrning för vår HR-funktion?
2. Hur skapar HR-arbetet värde till organisationen?
3. Är HR-arbetet och uppdraget tydligt i vår organisation?

DEL 2 – VAD

I del 2 kommer vi fokusera på vad, det vill säga vad evidensbaserad HR är, hur det växte fram och dess grundläggande principer.

Vad är evidensbaserad HR?

När vi står inför uppgiften att utveckla en ny strategi eller process kan det kännas som att köra bil genom en okänd stad utan tydliga vägskyltar. Oavsett om det gäller att ta fram en ny rekryteringsprocess, utveckla ett ledarskapsprogram, eller implementera en företagskultur definierad av några få värdeord, är det lätt att känna sig överväldigad av de många möjliga vägvalen. Det är inte alltid enkelt att veta var man ska börja. Här kan ett evidensbaserat förhållningssätt spela en avgörande roll och fungera som både GPS och kraftiga helljus på bilen, vilket hjälper dig att navigera säkert och se klart framåt.

Evidensbaserad HR handlar om att ha ett evidensbaserat förhållningssätt och en genomtänkt beslutsprocess. Det innebär att vi, inför beslut om leveranser, samlar in trovärdig och relevant information att basera beslutet på. Det innebär också att vi ifrågasätter våra antaganden och är öppna för att lära oss nya saker.

Begreppet evidens

I begreppet evidensbaserad HR finns ett ord som kräver vår uppmärksamhet, nämligen *evidens*. Ordet betyder bevis eller belägg, och många gånger används det för att presentera något som är sant eller falskt med stöd av forskning. Men det finns också en mer nyanserad syn på begreppet, och det är även så vi kommer att använda det i den här boken. Vissa ser evidens som en bredare term, där inte bara forskning utan flera andra källor till information kan betraktas som trovärdiga och relevanta. Evidens är i den meningen inte ett bevis för att något är sant eller falskt, utan snarare ett underlag eller stöd för ett påstående. Underlaget eller stödet kan i sin tur vara starkt eller svagt, men sällan ett vattentätt bevis.

Du kan tänka på det i termer av rättslig bevisföring. När ett brott begåtts samlar polis och åklagare in bevis för att påvisa vem eller vilka som troligen har begått brottet. Med stöd i bevisen kan domstolen avgöra om det är ställt utom rimligt tvivel att den åtalade är skyldig. Den rättsliga bevisföringen talar antingen för eller emot att en åtalad har utfört ett brott, men sällan med 100 procents säkerhet. På samma sätt fungerar bevis inom evidensbaserad HR. Vi samlar in information som i varierande styrka antingen stödjer eller motsäger ett påstående. Skillnaden mot rättssystemet är att vi sällan kan hävda "utom rimligt tvivel", utan snarare bedömer sannolikheten att ett beslut eller en leverans kommer att ge önskad effekt i den aktuella situationen och kontexten.

Inom ramen för evidensbaserad HR är det huvudsakligen följande fyra informationskällor som utgör den evidens vi vill basera våra beslut på:

1. *Information hämtad från behov och förväntningar* innebär att ta hänsyn till de som direkt och indirekt påverkas i sammanhanget. Det handlar om att aktivt lyssna på och engagera de som berörs, såsom ledning, anställda, kunder och leverantörer. Genom att ta hänsyn till deras perspektiv kan vi

forma beslut och leveranser som ligger i linje med de faktiska behoven i organisationen.

2. *Information hämtad från kunskaper och erfarenheter* innebär att använda sig av egna och andras kunskaper och erfarenheter. Det handlar om att använda egen kunskap om organisationen för att sätta forskning och annan information i relation till sammanhanget. Det handlar också om att vara öppen för att lära sig av kollegor, andra organisationer, ämnesexperter och personer inom ens nätverk. Att dela och ta till sig kunskap och erfarenheter kan ge nya perspektiv och berika beslutsprocessen inför leverans.

3. *Information hämtad från vetenskaplig litteratur* innebär att söka, granska och använda forskning publicerad i vetenskapliga tidskrifter och faktaböcker. Det säkerställer att beslut och leveranser är baserade på aktuell och pålitlig information som har genomgått en granskning av sakkunniga inom området.

4. *Data och information hämtad från organisationen* innebär att ta del av exempelvis data, enkäter och undersökningar som producerats av organisationen själv. Det gör det möjligt att söka svar på frågeställningar, följa trender över tid och att göra jämförelser.

Även om begreppet evidens har en bred innebörd är det viktigt att komma ihåg att all information inte har samma värde eller

27

tillförlitlighet. Att kunna bedöma och välja ut relevanta och pålitliga källor är därför avgörande för att fatta bättre beslut och erbjuda mer träffsäkra HR-leveranser.

Evidensbaserad HR i praktiken

I praktiken innebär evidensbaserad HR att ha ett evidensbaserat förhållningssätt och arbeta efter en strukturerad beslutsprocess. Det innebär att vi, inför beslut om leveranser, samlar in trovärdig information att basera beslutet på. Vi implementerar de processer och metoder som, baserat på insamlad information, bedöms vara mest lämpliga för att uppnå vårt syfte, i stället för subjektiva uppfattningar eller preferenser. Det här förhållningssättet hjälper oss att förbättra träffsäkerheten i våra leveranser, samtidigt som vi undviker att okritiskt följa populära trender, föråldrade traditioner och magkänslan.

När vi fattar beslut om leveranser söker och använder vi olika källor till information. Vetenskaplig litteratur är en viktig informationskälla, men vi tar även hänsyn till andra perspektiv som har betydelse för organisationen. Vi kan exempelvis inte förbise dem som påverkas av beslutet, inklusive medarbetare, kunder och ägare. Om vi förstår deras perspektiv kan vi undvika att implementera en lösning som är dömd att inte fungera.

Varför är vetenskaplig litteratur en viktig informationskälla inom evidensbaserad HR? Den vetenskapliga metoden för att generera kunskap gör att få andra informationskällor kan uppvisa samma tillförlitlighet. Inom forskningen används metoder och procedurer för att noggrant kontrollera och granska utfallet av en studie. Det gör att vi som tar del av granskade vetenskapliga publikationer åtminstone kan vara ganska trygga med att innehållet är tillförlitligt, även om vi såklart behöver vara kritiska också när det gäller forskning.

Tyvärr visar forskning (se exempelvis Rynes, 2002; Sanders m.fl., 2008, Langhammer, 2013; Tenhiälä m.fl., 2016; Bezzina m.fl., 2017) att få inom HR använder den fulla potentialen av vetenskaplig litteratur. Det är betydligt vanligare att förlita sig på tidigare erfarenheter, vad andra organisationer gör och trender som syns i traditionella och sociala medier för inspiration till leveranser. Det finns med andra ord utrymme för förbättring.

Framväxten av evidensbaserad HR

Evidensbaserad HR har vuxit fram som en riktad variant av Evidence-Based Management (EBMgt), som i sin tur fokuserar mer på organisationens ledning, styrning och strategier. I grund och botten är de dock som identiska tvillingar när det kommer till förhållningssätt, grundprinciper och beslutsprocess. Båda har också vuxit fram av anledningen att forskare och akademiker länge noterat en klyfta mellan forskningsresultat och vad som i praktiken sker på våra arbetsplatser. En orsak till att evidensbaserad HR ändå har etablerats som eget begrepp är behovet av att rikta kommunikationen mot HR eftersom HR-funktioner är så djupt engagerade och involverade i många övergripande organisatoriska beslut, processer och arbetssätt. Evidensbaserad HR tar också större hänsyn till HR:s

29

unika roll och påverkan inom organisationer och fokuserar på hur vi kan använda evidensbaserade metoder för att förbättra allt från rekryteringsprocesser till medarbetarengagemang och ledarskapsutveckling. Idén om ett evidensbaserat arbetssätt kommer ursprungligen från det medicinska området. Här finns en stark tradition av att integrera forskning med klinisk expertis för att fatta beslut baserade på den mest tillförlitliga och relevanta kunskapen. Detta görs genom att (a) omvandla behov till en fråga; (b) hitta den bästa kunskapen för att besvara frågan; (c) kritiskt bedöma informationens validitet, påverkan och tillämplighet; (d) integrera den kritiska bedömningen med klinisk kompetens och med patienternas förutsättningar och omständigheter; och (e) utvärdera effekten vid utförandet av stegen a-d och hitta sätt att förbättra detta till nästa gång. Detta arbetssätt går under namnet Evidence-Based Medicine (EBM) och fick stor uppmärksamhet i början av 1990-talet, vilka många anser har bidragit till en mer patientsäker hälso- och sjukvård genom bland annat en bättre kunskapsförsörjning. Det innebär inte att hälso- och sjukvården inte var evidensbaserad innan eller att läkare och sjuksköterskor inte skolats vetenskapligt före EBM. Men det som framför allt förbättrades var att den vetenskapliga kunskapen blev mer lättillgänglig och att den samlade kunskapen inom specifika medicinska områden började tillämpas mer standardiserat. Dessutom har det byggts upp en sorts infrastruktur av myndigheter och andra organisationer för att förbättra förutsättningarna för att samla in och bedöma den medicinska kunskapen.

Från att ha varit mer lik EBM med dess starka fokus på vetenskapliga principer, har evidensbaserad HR blivit mer mångfacetterat med hänsyn till ett bredare spektrum av informationskällor och en egen beslutsprocess. Detta beror på att det inom organisationer behövs en ödmjukhet inför hur organisationens ledning, styrning och strategier ser ut, att evidensbaserad HR utövas inom en komplex kontext beroende på organisationens bransch, marknadsläge och storlek, samt att den interna data och informationen som skapas genom bland annat it-system och interna undersökningar kan ge värdefull kunskap om vilka beslut och leveranser som är lämpliga. Det underliggande målet med evidensbaserad HR har däremot varit konstant: att förbättra processen för insamling av information före tillämpning av arbetssätt eller beslut för mer träffsäkra leveranser. Detta har bland annat lett fram till en process för evidensbaserad HR, som innebär att klargöra frågeställningen, samla in information, bedöma informationen, aggregera informationen, fatta beslut och tillämpa, och slutligen bedöma utfallet. I del 4 kommer vi att fördjupa oss i denna process.

När evidensbaserad HR först introducerades möttes det med ett visst motstånd. Vissa ansåg att evidensbaserad HR var ett "naturvetenskapligt intrång" i ett yrke som vilar på "mjuka delar" och människan i fokus. Idag är dock situationen annorlunda. Det ökade intresse för evidensbaserad HR kan delvis förklaras av tillväxten av vetenskapliga studier såsom metaanalyser och systematiska kunskapsöversikter som bidragit till bättre förutsättningar för en mer samlad och tydlig vetenskaplig samsyn inom olika HR-relaterade områden. Det har också bildats allt fler organisationer och forskningscentrum med syfte att utbilda och hjälpa organisationer att arbeta evidensbaserat, exempelvis Center of Evidence-Based Management (CEBma). En annan viktig förutsättning är den teknologiska utvecklingen som tog rejäla kliv under 1980-talet och sedan dess har fortsatt i raketfart. Generativ AI är ett exempel på dessa framsteg, där det för många kan kännas som att tekniken utvecklas snabbare än vi kan hänga med. Dessutom finns det en växande mängd HR(it)-system som fungerar som stöd för att hantera och bearbeta den stora mängd information som ofta finns i en organisation.

Grundläggande principer

Om vi föreställer oss att evidensbaserad HR är som en bil, skulle dess fem grundläggande principer kunna liknas vid bilens chassi. Detta chassi utgör den bärande strukturen som inte bara stödjer hela bilen, utan också säkerställer dess stabilitet och funktionalitet.

Den första principen handlar om att börja med problemet, utmaningen eller möjligheten, det vill säga situationen. Att fullt ut förstå och definiera den faktiska frågan är nyckeln till att i slutändan hitta en effektfull lösning. Det handlar om att noggrant utforska och förstå vad situationen verkligen innebär, och inte bara snabbt gripa efter en lösning.

Efter att vi har förstått den faktiska frågeställningen behöver vi fatta ett informerat och medvetet beslut. Den andra principen innebär därför att vi samlar in den mest trovärdiga och relevanta informationen som finns att tillgå från olika källor och använder detta som underlag för våra beslut. Viktiga källor till information är behov och förväntningar hos de berörda, kunskap och erfarenhet, vetenskaplig litteratur samt data och information från organisationen.

Den tredje principen betonar vikten av ha ett kritiskt förhållningssätt till information vi samlar in. Här tittar vi särskilt på hur trovärdig och relevant informationen är. Vi ställer kritiska frågor om varifrån informationen kommer, hur den har samlats in, vilka slutsatser vi kan dra och hur relevant informationen är i relation till den specifika situationen och kontexten.

Den fjärde principen handlar om att använda en strukturerad metod när vi fattar beslut, så att vi håller oss på rätt kurs och inte kör ner i diket. Genom att följa en beslutsprocess ökar vi chanserna för att det faktiskt är den mest trovärdiga och relevanta informationen som guidar beslutet om vad vi ska göra. Processen beskrivs närmare i del 4 i boken.

Den femte principen handlar om att främja lärande av fattade beslut och genomförda aktiviteter. Det gör vi genom att betrakta organisationen som en prototyp, där vi lär oss genom att göra (learning by doing) och genom att reflektera över våra erfarenheter (learning after doing). Uppföljning och utvärdering blir därför avgörande komponenter för denna princip, vilket möjliggör kontinuerlig förbättring och anpassning baserat på insamlade insikter och resultat från genomförda insatser.

33

Vad evidensbaserad HR inte är

Nu har vi fastställt vad evidensbaserad HR är och vilka grundläggande principer den består av. För att ge en mer fullständig bild behöver vi också kortfattat nämna vad evidensbaserad HR *inte* är. För det första är det viktigt att klargöra att evidensbaserad HR inte är en mirakelkur. En evidensbaserad rekryteringsprocess kan öka sannolikheten för att vi identifierar lämpliga kandidater som matchar behovet, men den kan inte säkerställa varken omedelbara resultat eller att alla rekryteringar blir lyckade. Evidensbaserad HR bör snarare betraktas som en metod för att hantera olika utmaningar inom HR, ställa en diagnos och identifiera potentiellt framgångsrika lösningar. Det innebär inte en garanterad lösning för alla situationer. Syftet är snarare att öka chanserna för att uppnå önskade resultat, vare sig det handlar om att öka förutsättningarna för innovation, minska personalomsättningen eller bidra till en lärande organisation.

För det andra innebär evidensbaserad HR inte att vi bortser från en professionell bedömning. Vi kan snarare se det evidensbaserade förhållningssättet som ett komplement till den etablerade expertisen och erfarenheten. Genom att använda evidensbaserad HR som en vägledande ram kan vi dra nytta av den bästa tillgängliga och tillförlitliga informationen för att tydliggöra våra bedömningar och beslut. Det hjälper oss att kasta ljus på olika aspekter av situationen vi står inför och ger oss en grund för att fatta mer informerade beslut. Evidensbaserad HR fungerar som dina extraljus på bilen som lyser upp och breddar synfältet, vilket ökar förutsättningarna att den professionella bedömningen blir ännu mer välgrundad och effektfull.

Ett vanligt missförstånd avseende evidensbaserad HR är att om det saknas tillräckligt med bra information från olika källor så kan vi inte fatta beslut eller genomföra insatser. Men även i dessa situationer kan vi använda ett evidensbaserat förhållningssätt. Ibland finns det inte tillräckligt med bra information för att fatta ett välgrundat beslut. Det kanske inte finns någon forskning alls som är relevant i sammanhanget. I sådana situationer bör vi i stället ta oss an beslutsfattandet på ett mer flexibelt sätt. Det kan innebära att vi gör kvalificerade gissningar utifrån den information som finns tillgänglig och genomför pilotprojekt som kan ge oss nya insikter, innan vi implementerar en lösning i större skala.

Slutligen kommer evidensbaserad HR inte att eliminera alla risker. Även om evidensbaserad HR har möjlighet att öka precisionen och minska risken för att leverera mindre effektfulla lösningar så kan fortfarande externa faktorer eller oväntade händelser påverka slutresultatet. Därför är det viktigt att vara flexibel och öppen för att anpassa sig till förändringar och att vara inställd på att hantera oväntade händelser när de uppstår.

Hinder för evidensbaserad HR

Vi har nu ritat upp konturerna för vad evidensbaserad HR är och inte är. För att färglägga denna bild behöver vi också beskriva vilka hinder som kan komma i vägen. Det kanske vanligaste hindret är att finna tillräckligt med tid för att samla, bedöma och sammanställa information. Detta kan ta tid, men evidensbaserad HR behöver inte alltid innebära långa och tidskrävande utredningar inför ett beslut. Ibland måste vi anpassa oss till situationen och snabbt avgöra om den tillgängliga informationen som finns att tillgå kan ge vägledning. För frågor av mer långsiktig och strategisk betydelse kan det däremot vara värt att investera tid i att samla in och bedöma information från olika källor. Det ger en mer genomtänkt beslutsprocess, vilket i sin tur leder till mer välinformerade och träffsäkra strategiska val. I slutändan kan det i själva verket vara så att vi sparar tid på att lägga mer resurser på att förstå en situation och identifiera bra lösningar. Det är med andra ord viktigt att skilja mellan det som är bråttom och det som är viktigt. Om vi blandar ihop dessa kan det leda till beslut och leveranser som får långsiktiga negativa konsekvenser för organisationen.

Ett annat hinder är om organisationen betraktar sig själva som helt unika i sina förutsättningar och arbetssätt. Det kan vara utmanande att ta in och använda information från vissa källor om företrädare för organisationen bedömer att informationen inte passar in i deras specifika kontext. Även om varje organisation har egna särdrag står vi dock alla inför liknande utmaningar och processer, som till exempel att attrahera och rekrytera rätt kompetens. Skrapar vi lite på ytan finns det sällan giltiga ursäkter för att inte dra nytta av den stora mängd information som finns tillgänglig och som kan vara till nytta för att hantera och lösa dessa gemensamma utmaningar.

Ledningen och medarbetarnas inställning till lärande kan vara ett stort hinder mot att arbeta evidensbaserat. För att vi ska kunna kritiskt granska information, låta bästa tillgängliga information guida våra beslut samt att följa upp, utvärdera och justera efter nya insikter behöver vi vara öppna för lärande och för att våra antaganden inte stämmer. Detta är ofta utmanande för oss eftersom vi är vana vid att se saker på ett visst sätt, vilket gör det svårt att acceptera motsägande information. Vi behöver öva på att aktivt söka information som motsäger våra antaganden och vara öppna för att vi kan ha fel. Det kräver i sin tur en kultur av lärande, flexibilitet och öppenhet för olika perspektiv.

Slutligen kan en utmaning vara att det ibland saknas tillgång till, eller tillräckligt med, information av god kvalitet. Det är lätt att tro att högkvalitativ information kommer att ge oss den perfekta lösningen, som vi sedan kan tillämpa för att uppnå önskat resultat. Men i verkligheten pekar sällan all insamlad information mot en enda lösning som passar perfekt in i den aktuella kontexten. Information av god kvalitet kan ge oss vägledning och möjligheter, men sällan en perfekt och universellt applicerbar lösning. Det är därför viktigt att vara ödmjuk inför den komplexitet som finns i organisationer och vara redo att anpassa våra arbetsmetoder när ny information blir tillgänglig.

Summering – del 2

Evidensbaserad HR har vuxit fram som en variant av Evidence-Based Management och har till syfte att minska klyftan mellan forskning och praktisk tillämpning. Grundläggande principer för evidensbaserad HR inkluderar att förstå situationen, samla in tillförlitlig information, ha ett kritiskt förhållningssätt, använda en strukturerad beslutsprocess och att främja lärande. Det innebär att samla in trovärdig och relevant information från olika källor, ifrågasätta antaganden och vara öppen för att lära sig nya saker. Evidens inom HR kan komma från fyra huvudsakliga informationskällor: behov och förväntningar, kunskaper och erfarenheter, vetenskaplig litteratur samt intern data och information.

De mest väsentliga delarna att ta med sig är:

- Evidensbaserad HR innebär att använda trovärdig och relevant information från olika källor och en strukturerad beslutsprocess för att fatta välgrundade beslut.

- Evidens kan komma från behov och förväntningar, kunskaper och erfarenheter, vetenskaplig litteratur samt data och information från organisationen.

- Grundläggande principer för evidensbaserad HR inkluderar att förstå situationen, samla in tillförlitlig information, ha ett kritiskt förhållningssätt, använda en strukturerad beslutsprocess och främja lärande.

Reflektionsfrågor:

1. Hur samlar vi in och använder trovärdig och relevant information i vårt HR-arbete?

2. Vilka källor till evidens anser vi vara mest tillförlitliga och relevanta för vår organisation?

3. Hur främjar vi lärande och kontinuerlig förbättring inom vår HR-funktion?

DEL 3 – VARFÖR

I den här delen kommer vi att fokusera på varför evidensbaserad HR behövs. Vi kommer att utforska fördelarna med evidensbaserad HR och behovet av att förbättra beslutsprocessen och utöka informations-underlaget vid beslut och leveranser.

Varför behövs evidensbaserad HR?

Många beslut och arbetssätt inom arbetslivet grundar sig på personliga erfarenheter och de senaste trenderna, i stället för att bygga på faktiska behov och pålitliga informationskällor (Barends m. fl., 2017; Barends & Rousseau, 2018; Deadrick & Gibson, 2019; Nutt, 1999; Pfeffer & Sutton, 2000;2010). Trots att egna erfarenheter kan vara värdefulla är de sällan tillräckliga. Vi människor är benägna att både förenkla komplexa frågor och påverkas av fördomar och förutfattade meningar, vilket i slutändan påverkar vår förmåga att fatta träffsäkra beslut negativt. Dessutom har vi svårt att hantera och väga samman stora mängder information om vi inte har någon struktur att följa, vilket brukar leda till att magkänslan får stort utrymme i beslutsfattandet.

Innan du börjar tillämpa evidensbaserad HR är det rimligt att vilja förstå de potentiella fördelarna. Ett sätt att se på det är att evidensbaserad HR är ett steg mot att växla upp HR:s potential, stärka professionen och bidra till ökad effektfullhet. Med evidensbaserad HR kan HR-funktionen ge mer träffsäkra svar på kritiska frågor som rör organisationens behov och utmaningar. Evidensbaserad HR har dessutom potentialen att minska osäkerheten inom HR genom att dra nytta av tillförlitlig information från olika källor, vilket kan reducera felaktiga antaganden och bidra till mer medvetna beslut. Slutligen har

41

evidensbaserad HR potential att främja lärande och utveckling för både HR-funktionen och resten av organisationen. Genom ett kontinuerligt lärande kan organisationen fortsätta identifiera och lösa kritiska problem och samtidigt utveckla färdigheter och metoder för att hantera framtida utmaningar.

Med det sagt ger evidensbaserad HR ingen garanti för perfekta resultat. Det kommer alltid att finnas grader av osäkerhet och omständigheter som påverkar träffsäkerheten. Träffsäkerheten kan också påverkas av vilka informationskällor som används, hur beslutsprocessen hanteras och vilka med- respektive motspelare som finns i organisationen. Andra påverkande faktorer kan vara lagar, förordningar och avtal som sätter ramar för vad som är möjligt att genomföra. Interna styrdokument, ekonomiska förutsättningar, interna politiska agendor, beslutsstrukturer samt formella och informella positioner inom organisationen kommer också påverka vilka beslut som fattas och hur framgångsrika de blir. Med andra ord är målet med evidensbaserad HR att öka sannolikheten för att vi hittar en bra väg till målet, likt en GPS, samtidigt som yttre faktorer som vägbyggen, trafikolyckor, väder och vägunderlag påverkar resan.

Moral och professionalitet

Att arbeta evidensbaserat är inte bara en fråga om ökad träffsäkerhet och minskad osäkerhet, utan också om moral och professionell integritet. Evidensbaserad HR innebär att vi strävar efter att fatta beslut baserat på objektiv information framför subjektiva åsikter, förutfattade meningar och trender. Det främjar i sin tur rättvisa, vilket är en grundläggande moralisk princip. HR-funktionen har dessutom ett moraliskt ansvar för att stödja och utveckla organisationen på bästa möjliga sätt. Många av de beslut och leveranser som HR är delaktiga i har en direkt påverkan på människors liv och hälsa, särskilt när det gäller frågor om arbetsmiljö, arbetsvillkor och ledarskap. Genom att använda evidensbaserade metoder kan HR-funktionen bidra till processer och arbetssätt som gynnar organisationen och dess medarbetare.

Konsekvenserna av att inte ha ett evidensbaserat förhållningssätt kan bli allvarliga. Beslut och leveranser som fattas på subjektiva grunder riskerar att bli inkonsekventa och orättvisa, vilket kan leda till missnöje och bristande förtroende. Det kan i sin tur resultera i ökad personalomsättning, minskad produktivitet och försämrad arbetsmiljö. HR-processer som inte bygger på medvetna beslut kan resultera sämre rekryteringar, ineffektiv organisationsutveckling och förlorade möjligheter. Vi ökar också risken för att fördomar och tankevurpor påverkar våra beslut, vilket kan leda till diskriminering och rättsliga problem. Dessutom kan inkonsekventa och godtyckliga beslut underminera förtroendet för HR-funktionen och organisationen som helhet, vilket kan påverka organisationens varumärke negativt. Sammantaget blir det ekonomiskt kostsamt för organisationen, i form av ökade kostnader, förlorade talanger och försämrad konkurrenskraft.

Vi vill påstå att det är en moralisk och professionell skyldighet för HR-funktioner att arbeta utifrån ett evidensbaserat förhållningssätt. Moraliskt säkerställer det rättvisa och etiska beslut som stärker förtroendet för HR-funktionen och dess leveranser. Professionellt leder det till högre kvalitet och trovärdighet för och inom HR-funktionen.

Förbättra beslutsprocessen

Evidensbaserad HR handlar framför allt om att skapa förutsättningar för mer informerade och medvetna beslut och HR-leveranser. Det uppnås genom att bredda informationsunderlaget och följa en strukturerad beslutsprocess.

Nobelpristagaren Daniel Kahneman (2013) har med sin forskning tydligt skildrat hur svårt det är för oss människor att fatta rationella beslut. Vi är fenomenala på att förenkla komplexa frågor så att de blir lättare att svara på, med baksidan att träffsäkerheten blir sämre. För att beskriva hur vi fattar beslut delar Kahneman in vårt beslutssystem i två delar, system 1 och system 2. Dessa är två kognitiva system som vi människor använder för att hantera information och fatta beslut.

System 1 är den snabba, intuitiva och automatiska delen av vårt tänkande. Det är den delen av hjärnan som arbetar reflexmässigt för att göra snabba bedömningar och reagera på stimuli. Syftet med system 1 är att spara energi genom att snabbt och effektivt hantera vanliga situationer utan att vi behöver anstränga oss medvetet. För att det ska vara möjligt präglas system 1 av en rad olika kognitiva genvägar som förenklar beslutfattandet, men som också kan leda till fel. En sådan är att vi uppfattar mönster och orsakssamband där det egentligen

44

inte finns några. En annan är att vi omedvetet söker efter bekräftelse på det vi redan vet eller tycker, och därmed bortser från information som motsäger vår uppfattning. Det medför en stor risk att våra beslutsunderlag blir ensidiga och inte tillräckligt belysta.

System 2 utgör i sin tur den långsamma, analytiska och medvetna delen av vårt tänkande. Detta system kräver ansträngning och koncentration för att användas och är involverat i mer komplexa kognitiva uppgifter som problemlösning, matematiska beräkningar och kritiskt tänkande. System 2 är exempelvis sysselsatt när vi aktivt överväger alternativ, väger för- och nackdelar, och tar välgrundade beslut.

Syftet med system 1 är alltså att ge oss snabba och effektiva svar på omedelbara behov och situationer, medan system 2 är avsett för att hjälpa oss med mer genomtänkta och reflekterande processer. Båda systemen spelar en viktig roll och fungerar som komplement till varandra för att vägleda oss genom olika situationer i våra liv. Många av våra beslut inom arbetslivet kräver dock uppmärksamhet av system 2 eftersom vi behöver vår analytiska tankeförmåga. Därför är det viktigt att ha någon form av ramverk eller process så att vi kan enklare koppla in system 2.

Beslut inom arbetslivet

En skillnad mellan beslutsfattande i arbetslivet och beslutsfattande i privatlivet, som att välja en ny bil, är att arbetslivets beslut ofta tas i en social kontext tillsammans med andra. Den sociala dynamiken kan hjälpa oss att undvika vissa tankevurpor, medan den ökar risken för andra. Till exempel kan det hända att vi bedömer information från en person som mer eller mindre trovärdig baserad på personens status och auktoritet, snarare än faktisk kompetens inom ämnet.

Grupptänkande är en annan vanlig fallgrop som kan uppstå i sociala sammanhang. Förutom att vi medvetet och omedvetet anpassar oss till grupper för att passa in är det också vanligt att vi strävar efter enighet inom gruppen, även om det betyder att vi fattar dåliga eller ogenomtänkta beslut. Det kan ske när människor är rädda för att sticka ut eller när det finns ett starkt socialt tryck att hålla med. Grupptänkande kan på så sätt få oss att ignorera bra idéer och missa viktiga perspektiv, vilket kan leda till sämre beslut och suboptimala arbetssätt.

Det finns många olika typer och kategoriseringar av beslut inom arbetslivet. Barends och Rousseau (2018) beskriver exempelvis tre vanliga beslutssituationer med olika grad av osäkerhet: rutinbeslut, komplexa beslut och helt nya beslut. Rutinbeslut är beslut som är återkommande, relativt stabila och där det finns tillgänglig och bra information att luta sig mot. I dessa beslut är graden av osäkerhet låg. Beslut av den här typen kan med fördel struktureras upp genom att arbeta fram en checklista eller process, exempelvis en rekryteringsprocess, som sedan löpande följs upp och förbättras.

Komplexa beslut är mer unika situationer där vi har identifierat ett behov, ett problem, en utmaning eller möjlighet. Dessa beslutssituationer förekommer mer sällan och har ofta en högre grad av osäkerhet än rutinbeslut. Däremot finns viss tillförlitlig information att tillgå för att guida oss. Exempel på komplexa beslut kan vara beslut om ett nytt ledarskapsprogram eller aktiviteter för att förbättra arbetsmiljön. Besluten kan innebära helt nya arbetssätt för organisationen i fråga, men arbetssätten är sällan nya för branschen eller andra organisationer.

Slutligen innebär helt nya beslut en ännu högre grad av osäkerhet och sämre tillgång på relevant och tillförlitlig information. Ibland saknar vi helt information som kan guida beslutet, vilket gör det svårt att förutse vilka alternativ som kommer att ge bäst resultat. Helt nya beslut kan vara hur vi ska hantera en pandemi på en arbetsplats eller hur vi ska använda AI i olika HR-processer. Dessa situationer är ofta nya för hela branschen eller arbetslivet. När vi står inför helt nya beslut behöver vi söka kunskap på andra sätt än genom historiska data. Det innebär att vi behöver göra kvalificerade gissningar, agera i små kontrollerade steg, följa upp och lära oss av vad som händer för att sedan justera och förbättra efter hand.

Sammanfattningsvis är det viktigt att vara medveten om att beslutssituationerna ser olika ut och att vi därmed behöver ta oss an beslutet på olika sätt. Oavsett beslutstyp kan vi däremot sträva efter en strukturerad och medveten beslutsprocess.

Minska brus

Ett evidensbaserat förhållningssätt och en strukturerad beslutsprocess kan också minska bruset i våra bedömningar och beslut. *Brus* definieras som oönskad variabilitet i bedömningar och beslut som är avsedda att vara konsekventa (Kahneman m.fl., 2021). En skillnad görs här mellan brus och tankevurpor, det vill säga bias. Tankevurpor är systematiska fel i bedömningar som leder till förutsägbara avvikelser. Lite förenklat kan man säga att alla gör samma fel. Brus, däremot, är slumpmässiga fel som gör bedömningarna oförutsägbara och inkonsekventa. Skillnaden kan bildligt liknas vid ett antal skott på en skjuttavla. Om skotten missar mitten men är grupperade runt samma punkt någon annanstans på tavlan handlar det om en tankevurpa, ett systematiskt fel. När det gäller brus är skotten utspridda i ett slumpmässigt mönster över skjuttavlan. Till skillnad från tankevurpor, som till viss del kan korrigeras genom att förstå de underliggande systematiska felen, är brus svårare att upptäcka och hantera på grund av sin slumpmässiga natur.

Brus i organisatoriska beslut kan få stora konsekvenser, inklusive orättvisa och diskriminering, sämre beslut och ökade kostnader. Dessutom underminerar det förtroendet för processer som förväntas vara rättvisa och konsekventa. För att hantera brus behövs utbildning, ökad medvetenhet om dess existens och inte minst standardisering av processer.

Inom HR-området kan brus exempelvis uppstå i rekryteringsprocesser där olika personer bedömer samma kandidats CV eller intervju på mycket olika sätt. Lönebeslut är ett annat område där brus kan ha stor inverkan på rättvisan i en process, eftersom beslut om lönesättning kan variera beroende på vem som fattar beslutet.

Orsakerna bakom bruset är flera. För det första har olika människor olika generell nivå när de gör sina bedömningar.

Vissa tenderar att vara strängare i sin bedömning och har svårt att ge höga betyg till kandidater eller medarbetares prestationer. Andra tenderar att vara mer generösa i sina bedömningar och har lättare att ge ett högt betyg. Detta kallas för nivåbrus, det vill säga skillnader i bedömningar som grundar sig på olika bedömares generella nivå. För det andra har olika människor olika erfarenheter och preferenser, som gör att de tolkar information på olika sätt och därmed gör olika bedömningar. Detta kallas för mönsterbrus. För det tredje påverkas vi av vår sinnesstämning när vi gör en bedömning. Saker som väder, hunger, stress och händelser i vår omvärld gör oss mer positiva eller negativa när vi står inför en bedömning eller ett beslut.

För att minska bruset i våra HR-processer kan vi vidta flera åtgärder. En effektfull metod är att standardisera processer och arbetssätt i den grad det går. Att använda strukturerade intervjuer med standardiserade frågor och en tydlig bedömningsskala kan exempelvis hjälpa till att bedöma kandidater på ett mer enhetligt sätt och därmed minska bruset. Tydliga styrdokument kan också bidra. Genom att utveckla tydliga processbeskrivningar och specifika kriterier för exempelvis bedömning av prestationer, kompetens och lönesättning kan vi minska variationen mellan bedömare.

Bredda underlaget

De flesta skulle nog hålla med om att om vi har tillgång till en bredd av tillförlitlig information får vi bättre förutsättningar att fatta bra beslut. Dessutom kan ett bredare informationsunderlag minska risken för tankevurpan att vi enbart tar in information som bekräftar det vi redan vet eller tycker. Det är därför evidensbaserad HR, i enlighet med sin andra princip, har som utgångspunkt att vi behöver samla in tillförlitlig information från olika källor och använda den som vägledning för våra beslut och leveranser.

Ett flertal vetenskapliga studier (se exempelvis Rynes, 2002; Sanders m.fl., 2008, Langhammer, 2013; Tenhiälä m.fl., 2016; Bezzina m.fl., 2017) visar att många HR-medarbetare inte är tillräckligt medvetna om den vetenskapliga kunskapen och att det dessutom finns en stor klyfta mellan vad forskningen faktiskt visar fungera och vad professionella inom HR tror är effektfullt. Som lök på laxen har det också visat sig att de vanligaste informationskällorna som används inom HR är egna erfarenheter, vad andra organisationer gör och vad som skrivs i populära managementböcker. Även om detta indikerar en viss mångfald i informationsinhämtningen avslöjar det samtidigt en bristande uppmärksamhet mot vetenskaplig litteratur, vilket riskerar att leda till mindre effektfulla leveranser och beslut.

Större lärande

Forskning visar att vi fattar bättre beslut i framtiden om vi följer upp och utvärderar ett beslut eller en leverans med objektiv återkoppling och reflektion (se exempelvis Anseel m.fl., 2009; Ellis & Davidi, 2005). Därför är en viktig princip inom evidensbaserad HR att lära oss av erfarenhet genom uppföljning och utvärdering. När vi följer upp och utvärderar beslut och leveranser kan vi bygga en större förståelse för organisationen, dess förutsättningar och begränsningar. Vi kan också få insikt i vilken information som i efterhand visade sig vara mest relevant i den aktuella situationen. Det kan i sin tur möjliggöra ett bättre avvägt beslut nästa gång vi står inför en liknande situation. Att följa upp och utvärdera HR-leveranser handlar om att dels samla information om vilka resultat aktiviteten har fått och dels reflektera över planering, genomförande och utfall.

Dagens arbetsliv är dessutom i kontinuerlig snabb förändring, vilket gör att historisk information inte alltid är tillräckligt för att förstå dagens utmaningar. Det kräver ett lärande förhållningssätt där vi är nyfikna på effekten av våra leveranser och öppna för att ändra riktning när vi inte uppnår de resultat vi vill uppnå.

Summering – del 3

Många beslut inom arbetslivet bygger på personliga erfarenheter och trender, vilket kan leda till felaktiga antaganden och mindre träffsäkra beslut. Evidensbaserad HR hjälper till att minska osäkerheten genom att förbättra beslutsprocessen och använda tillförlitlig information från olika källor samt främja lärande och utveckling inom organisationen. Det hjälper till att minska brus och bias i bedömningar och beslut, vilket leder till mer konsekventa och rättvisa processer. Att arbeta evidensbaserat är också en fråga om moral och professionell integritet. Konsekvenserna av att inte ha ett evidensbaserat förhållningssätt kan bli allvarliga, inklusive inkonsekventa och orättvisa beslut, sämre leveranser och att resurser slösas bort.

De mest väsentliga delarna att ta med sig är:

● Evidensbaserad HR förbättrar beslutsprocessen och minskar osäkerheten genom att vi använder tillförlitlig information från olika källor.

● Att arbeta evidensbaserat är en fråga om moral och professionell integritet.

● En strukturerad beslutsprocess hjälper till att minska brus och bias, vilket leder till mer konsekventa och rättvisa processer.

Reflektionsfrågor:

1. Hur kan evidensbaserad HR förbättra beslutsprocessen i vår organisation?

2. Vilka typer av beslut (rutinbeslut, komplexa beslut, helt nya beslut) står vi inför just nu?

3. Hur kan vi minska brus och bias i våra HR-processer?

DEL 4 – HUR

I denna del kommer vi fokusera på hur du tillämpar evidensbaserad HR. Vi kommer utforska de sex steg som utgör processen för evidensbaserad HR och vad du behöver tänka på i dessa steg, inklusive de fyra informationskällorna.

Hur tillämpas evidensbaserad HR?

Syftet med den här delen är att konkretisera hur du i praktiken kan gå tillväga när du står inför en situation, det vill säga en utmaning, möjlighet eller problem i organisationen.

Innan vi går in på detaljerna är det viktigt att vara medveten om att organisationer och beslutssituationer är olika, och att det kan kräva olika tillvägagångssätt. Hur vi tar oss an en situation kan bland annat påverkas av:

- Hur allvarlig den aktuella situationen är
- Hur akut den aktuella situationen är
- Graden av osäkerhet
- Tillgången på resurser

Vid allvarliga situationer, det vill säga situationer som får stora negativa konsekvenser i form av ekonomiska eller sociala förluster, är det försvarbart att lägga mer resurser på att hantera situationen. Dessutom vill vi säkerställa att vi inte gör något förhastat som riskerar att få motsatt effekt och förvärra situationen. Ett evidensbaserat förhållningssätt och en strukturerad beslutsprocess är därför lämpligt för att hantera allvarliga problem och situationer.

Akuta situationer innebär att det finns en tidskritisk faktor, till exempel att en situation håller på att eskalera. Det kan kräva att vi agerar snabbt, samtidigt som vi givetvis även här vill att våra insatser ska vara träffsäkra. En möjlighet är att agera utifrån en kvalificerad gissning om situationens orsaker och potentiella lösningar, alternativt genomföra en förenklad insamling av information för att snabbare komma fram till en rimlig lösning. Vid behov kan vi samtidigt göra en mer ordentlig analys som syftar till att bestämma hur vi ska hantera problemet på längre sikt.

Graden av osäkerhet påverkar också, eftersom vissa situationer präglas av så mycket osäkerhet att det är svårt att förutsäga effekterna av olika lösningar oavsett hur mycket information vi samlar in. Det kan till exempel handla om osäkerhet kopplat till förändringar i omvärlden, teknologisk utveckling eller politiska aspekter. När vi står inför en beslutssituation som innehåller mycket osäkerhet kan vi därför behöva ta oss an den på ett mer flexibelt sätt. I stället för att söka information innan vi fattar beslut, söker vi information efteråt genom att agera och följa upp.

Slutligen kommer tillgången på resurser att påverka hur vi tillämpar evidensbaserad HR i praktiken. I organisationer med en mindre HR-struktur där en eller ett fåtal HR-medarbetare hanterar ett brett spektrum av arbetsuppgifter kan det vara svårt att avsätta tid för att samla och analysera en större mängd information inför beslut. Dessutom är det svårare för en mindre organisation att dra meningsfulla slutsatser av organisatorisk data eftersom underlaget är litet. Samtidigt kan det finnas mycket att vinna på att standardisera och förbättra grundläggande HR-processer såsom rekrytering, introduktion av nya medarbetare och lönehantering.

Större organisationer har i regel bättre förutsättningar att bedriva evidensbaserad HR mer genomgående. Med fler resurser kan det finnas tid och kapacitet att samla in och bedöma information för att fatta mer informerade beslut som ligger i linje med bland annat organisationens ledning, styrning och strategier. Dessutom kan dessa organisationer ha möjlighet att investera i it-system för att stödja informationshantering och HR-processer. I organisationer där det finns en differentierad HR-struktur med HR-partners och HR-specialister eller liknande, finns ofta goda möjligheter att tillämpa evidensbaserad HR. HR-partners fungerar här som en länk mellan organisationens strategi och HR-leveranser. Genom ett nära samarbete med linjechefer kan de identifiera och samla in behov och förväntningar. Deras förståelse för både verksamheten och HR-funktionens resurser behövs för att bedöma om HR-leveranserna är relevanta och genomförbara. Samtidigt kan roller som HR-specialister eller HR-strateger fördjupa sig inom specifika områden som rekrytering, medarbetarskap, ledarskap eller arbetsmiljö. Genom att samla in och analysera information från olika informationskällor kan de identifiera glapp och mönster som kan ligga till grund för ökad träffsäkerhet i leveranser.

Sammanfattningsvis är det nödvändigt att anpassa ambitionsnivån och tillämpningen av evidensbaserad HR utifrån situationens natur och HR-funktionens struktur och resurser. Även om förutsättningarna är olika kan dock alla HR-funktioner dra nytta av ett evidensbaserat förhållningssätt och en strukturerad beslutsprocess i den mån det går för att öka träffsäkerheten och bidra till organisationens övergripande mål.

Evidensbaserad HR i praktiken

För att tillämpa evidensbaserad HR behöver vi bryta ner beslutsprocessen i mindre, hanterbara, steg. Resterande del av kapitlet beskriver en process som består av sex steg:

1. Klargör frågeställningen (Ask)
2. Samla in information (Acquire)
3. Bedöm informationen (Appraise)
4. Aggregera informationen (Aggregate)
5. Fatta beslut och tillämpa (Apply)
6. Bedöm utfallet (Assess)

Genom att följa en strukturerad beslutsprocess kopplar vi på system 2 i hjärnan och undviker att fatta förhastade och ogenomtänkta beslut. Däremot kan processen behöva anpassas efter den aktuella situationen. Ofta kommer stegen att överlappa varandra och ibland kan du behöva återvända till tidigare steg eller hoppa över något steg. Beroende på frågans natur och vilken typ av beslut eller leverans det gäller, kan det också vara nödvändigt att lägga större eller mindre vikt vid vissa steg. Det viktiga är att hålla sig till grundprinciperna, det vill säga att förstå situationen, samla in tillförlitlig information från flera källor, ha ett kritiskt förhållningssätt, använda en strukturerad beslutsprocess och främja lärande genom uppföljning och utvärdering.

Steg 1 – klargör frågeställningen

För att effektivt kunna uppnå önskade resultat behöver vi först förstå den aktuella situationen och ha en tydlig bild av vilket resultat vi vill uppnå. Det kan låta självklart, men faktum är att det är vanligt att vi börjar i en helt annan ände. Det kan vara att någon inom HR-funktionen eller organisationen kommer med en idé som vi sedan beslutar om att genomföra eller inte genomföra. Ett annat vanligt scenario är att vi utformar en HR-process så som vi har utformat den i tidigare organisationer eller så som vi ser att andra organisationer utformar sina processer.

Det är betydligt enklare att bedriva sin HR-verksamhet utifrån idéer och trender. Men det riskerar att bli kontraproduktivt. Genom att inte gå till botten med vilka problem vi vill lösa eller vilka möjligheter vi vill adressera är risken stor att vi lägger tid och resurser på onödiga insatser och att resultaten uteblir. Det vi i stället vill göra, innan vi utvärderar olika alternativ, är att klargöra våra frågeställningar och målsättningar.

Vad innebär situationen?

Innan vi kastar oss över datorn för att googla fram en lösning eller process, ber ett generativt AI-verktyg att skapa något åt oss eller slänger ut ett förslag till våra kollegor, är det bra att börja med att tydliggöra vad det underliggande problemet eller möjligheten är.

Låt oss ta ett exempel. Vi antar att vi har observerat symptom på problem i organisationen, i form av ökad personalomsättning och sjukfrånvaro, och att vi vill göra något åt detta. Hög personalomsättning och sjukfrånvaro kan vara ett problem i sig, för att det medför höga kostnader. Men det är inte omsättningen eller frånvaron hos personalen som är det underliggande problemet, utan det finns en eller flera orsaker till att vi ser dessa symptom i organisationen. Syftet med det här första steget är att försöka ta reda på och synliggöra orsakerna så att vi avgränsar problemet och våra frågeställningar, vilket i sin tur gör det möjligt att hitta en lämplig lösning.

Att rent praktiskt gå till roten av ett problem kan innebära flera saker, men det börjar ofta med att vi ställer ett antal frågor.

- Vad är problemet? Vilka är involverade i eller påverkas av problemet? Var och när uppstår problemet?
- Vilka konsekvenser får problemet? Hur allvarligt är problemet? Hur akut är problemet?
- Vad orsakar problemet? Vad är den logiska modellen, det vill säga grundorsaken som leder till problemet och hur det går till?
- Varför är problemet aktuellt just nu?

Vi kan närma oss problemets kärna genom att ställa frågan *varför* upprepade gånger. Genom att göra det tre till fem gånger kan vi komma djupare och närmare rotorsaken, i stället för bara symptomen. Varje varför hjälper till att avslöja underliggande faktorer och antaganden som kan vara avgörande för att förstå bakgrunden till problemet. Ibland kan det leda till att du identifierar viktiga frågeställningar att utreda vidare.

För att svara på frågorna ovan kan vi med fördel samla information från de fyra informationskällorna. Vi kan diskutera inom HR-funktionen, prata med chefer och medarbetare i organisationen, gå igenom statistik och exitintervjuer samt titta på vad forskning säger om orsaker till personalomsättning och frånvaro. Mer om att samla information och bedöma dess trovärdighet och relevans kan du läsa om i kommande steg.

Vad är frågeställningen?

När vi har en tydlig bild av situationen och vill gå vidare med att identifiera potentiella lösningar, är det hjälpsamt med en tydlig frågeställning som vi kan besvara. En tydlig frågeställning är avgränsad och specifik. Den avgränsar och skapar tydlighet genom att innehålla information om grupp och kontext samt de fenomen, interventioner och/eller utfall vi är intresserade av. Alltför generella frågor som *"hur kan vi förbättra medarbetarnas arbetsmiljö?"* riskerar att bli för omfattande och därmed svåra att angripa. Vi kan förvisso testa att skjuta hagel i stället för att använda ett prickskyttegevär, men risken är att vi inte träffar målet eller i värsta fall träffar andra delar av organisationen som tar skada.

Låt oss nu anta att vi har identifierat troliga grundorsaker till den ökande personalomsättningen och sjukfrånvaron i exemplet tidigare. Utifrån forskning och samtal med chefer, medarbetare och tidigare medarbetare har vi dragit slutsatsen att en viktig bidragande orsak är bristande socialt stöd från chefer

61

och kollegor, vilket leder till överbelastning och förhindrar återhämtning när arbetsbördan är hög.

Vad vi nu vill ta reda på är hur vi kan stärka det sociala stödet i organisationen. En tydlig frågeställning i det här sammanhanget skulle kunna vara:

Hur kan vi **öka upplevelsen av socialt stöd** *hos* **vårdpersonal** *i en* **svensk region?**

Här har vi avgränsat frågeställningen till fenomenet och utfallet socialt stöd, gruppen vårdpersonal och kontexten svensk region. Det hjälper oss att senare samla in information som är relevant för vår specifika situation.

Vilka är konsekvenserna?

Innan vi går vidare med frågeställningen behöver vi överväga och bedöma eventuella konsekvenser av att fortsätta utreda frågan. Vilka risker och möjligheter ser vi med att arbeta vidare med frågeställningen? Finns det resurser att genomföra det vi tror att vi behöver göra?

Den slutliga och kanske viktigaste frågan i detta steg är frågan om det är bättre att inte göra någonting alls? Om vi fortfarande anser att frågeställningen behöver utredas mer är det dags att gå vidare till steg två, det vill säga att samla in information.

Steg 2 – samla information

Om du efter det inledande steget bedömer att en frågeställning behöver ytterligare utforskning, börjar du samla in information från flera källor. Notera att insamlingen av information kan ske vid flera tillfällen under en beslutsprocess, till exempel när vi försöker förstå situationen och när vi arbetar med att ta fram lösningar.

Vad är information?

Innan vi går in på konkreta informationskällor och metoder för att samla information behöver vi förstå vad information är. I Svensk ordbok (2021) definieras information som en (meddelad) mängd fakta, vanligen av mer eller mindre exakt slag. Information kan skiljas från begreppet data, som är en samling individuella fakta i form av text, siffror, observationer, bilder, grafer eller diagram. Data innehåller ingen värdering eller slutsatser, utan är råa observationer av verkligheten. För att ge data mening behöver vi analysera och tolka den i relation till ett sammanhang. När vi gör den här tolkningen omvandlar vi den till information. Information är således organiserad data kopplat till ett sammanhang. Det är först när vi har gett data mening som den blir användbar i beslutsfattande. Därmed inte sagt att det är utan risk. Tolkningen innebär att vi försöker förstå och dra slutsatser, men dessa kan givetvis bli fel. Därför är det nödvändigt att ta reda på vilken data informationen bygger på och ifrågasätta om slutsatserna som har dragits är rimliga och korrekta.

En bra strategi för att hantera osäkerhet i tolkningar och slutsatser är att samla information från flera källor, vilket är den andra principen för evidensbaserad HR. Forskning på beslutsfattande visar nämligen att vi fattar bättre beslut när vi:

1. Konsulterar flera källor och justerar vår bedömning efter tillkommen information (Kämmer m.fl., 2023; McNees, 1990).

2. Tar del av flera personers erfarenhet i stället för bara en (Yaniv & Choshen-Hillel, 2012).

3. Kompletterar experters bedömning med kunskap från forskning och statistiska analyser (Antman m.fl., 1992; Goodwin, 2002; Lawrence m.fl., 2006).

Därför bör vi ta för vana att alltid konsultera flera källor och, om möjligt, komplettera subjektiva upplevelser med mer objektiv data.

Genom att samla in information från flera källor får vi en tydligare bild av frågeställningen. Det hjälper oss också att undvika förhastade slutsatser eller att förbise viktiga detaljer. Berättelsen om de blinda personerna som träffar en elefant illustrerar detta. En av personerna står vid benet på elefanten och beskriver den som en stolpe. En annan håller i snabeln och säger att det är en orm. En tredje rör vid svansen och tycker att det är ett rep. En fjärde har fått tag på örat och beskriver det som ett tjockt segel. Eftersom ingen av dem kan röra vid hela elefanten skapas olika och motsägelsefulla berättelser om vad elefanten är för något. Alla är övertygade om sin egen uppfattning och tycker att de andra har fel.

Liknelsen påminner oss om att vi har olika uppfattning av verkligheten och att allas upplevelser kan vara sanna, om än begränsade. Genom att ta hänsyn till flera perspektiv kan vi få en bättre helhetsbild av det fenomen eller den fråga vi är intresserade av.

Metoder för att samla information

Att samla in information kan göras på många olika sätt och även variera beroende på vilken informationskälla det handlar om. För att kategorisera olika insamlingsmetoder kan vi använda två begrepp från den akademiska världen, kvalitativa och kvantitativa metoder. Om du någon gång har skrivit en uppsats på högskola eller universitet känner du förmodligen igen dessa.

Kvalitativa metoder

Kvalitativa undersökningsmetoder är metoder som genererar kvalitativ data, vilket är data som är beskrivande och inte numerisk. Det kan vara i form av text, men även bilder, ljudupptagningar eller liknande data som är svåra att kvantifiera. Undersökningsmetoder som hör hit är exempelvis intervjuer, analys av dokument, ostrukturerade observationer och fritextfrågor i enkäter. Kvalitativa insamlingsmetoder är särskilt användbara när frågeställningen är komplex och kräver djup förståelse. En utmaning är att metoderna ibland kräver betydande resurser och tid för att genomföra. När det gäller intervjuer som metod kan det också finnas en utmaning i att få deltagarna att uttala sig fritt, särskilt vid större gruppintervjuer om det råder brist på psykologisk trygghet. Det finns också en risk att vissa personer tar över samtalet och att informationen som samlas in egentligen inte representerar hela målgruppens perspektiv. För att hantera dessa risker är det bra att ha god kännedom om målgruppen och anpassa insamlingsmetoderna efter detta, för att säkerställa att perspektiv och åsikter hos den "tysta majoriteten" får komma fram. Det är också bra att kombinera flera olika datainsamlingsmetoder, exempelvis genom att komplettera intervjuer med enkätsvar eller statistik.

Kvantitativa metoder

Kvantitativa undersökningsmetoder är metoder som genererar kvantitativ, det vill säga numerisk, data. Det som samlas in kan uttryckas i siffror och analyseras statistiskt. Metoder som hör hit är exempelvis enkätfrågor med fasta svarsalternativ, tester av olika slag, strukturerade observationer och statistik. Kvantitativa insamlingsmetoder är lämpliga när vi vill mäta, jämföra, gruppera och generalisera information. Fördelen är att vi ofta kan samla in data om många människor, inklusive den tysta majoriteten, på ett resurs- och tidseffektivt sätt. En nackdel med kvantitativa metoder är att de kan sakna djup och ge begränsad förståelse för komplexa fenomen. Därför kan det vara bra att komplettera med kvalitativa metoder om vi vill förstå varför den kvantitativa datan visar det den visar.

Fyra centrala informationskällor

Som tidigare nämnt är följande fyra informationskällor viktiga att beakta:

- Behov och förväntningar
- Kunskap och erfarenhet
- Vetenskaplig litteratur
- Data och information från organisationen

Med det sagt behöver de inte vara de enda informationskällorna du använder, utan bör snarare ses som en miniminivå. Det kan även finnas andra användbara informationskällor att ta hänsyn till utifrån den aktuella frågeställningen, såsom ISO-standarder och olika typer av undersökningar.

Behov och förväntningar

Den första källan att ta hänsyn till är information om behov och förväntningar hos de som är berörda av frågan. Genom att fånga upp deras behov och förväntningar ökar vi sannolikheten för ett bättre slutresultat eftersom vi tar del av perspektiv som är viktiga för dem, gör dem delaktiga och kan få en bredare repertoar av förslag och lösningar. När människor blir involverade i frågor som berör dem kan det öka deras förståelse och acceptans för beslut och förändringar. Därför är det ofta bra att börja med denna informationskälla.

Direkt och indirekt påverkan

De berörda kan vara både interna och externa personer. Vissa kommer att påverkas mycket av beslutet eller leveransen, medan andra bara påverkas lite grann. Det kan även finnas personer som har formell makt att påverka beslutet/leveransen eller laglig rätt att involveras. Därför behöver vi bedöma vilka intressenter vi ska prata med, vilken vikt vi ska lägga vid deras behov och förväntningar, och hur vi ska hantera dem under beslutsprocessen.

Tänk dig en situation där vi överväger att förändra vår introduktion av nyanställda. Inför detta är det relevant att fundera över vilka som kommer att påverkas direkt av en förändring. Det gäller kanske framför allt nyanställda och chefer som ska ansvara för att genomföra introduktionen. Kanske även HR-medarbetare och kollegor som ska vara delaktiga.

När det gäller personer som påverkas direkt är det lämpligt att samla in deras behov och förväntningar, fundera på hur de kan påverkas positivt och negativt av förändringen, bestämma hur stor inverkan de kan ha på beslutet och bedöma om det kan finnas några risker eller hinder relaterat till deras roll i processen.

Det kan även vara relevant att fundera på om det finns personer som påverkas indirekt. Kan de ha behov och förväntningar som vi också behöver ta hänsyn till? Hur kan vi se till att de har tillgång till relevant information och att deras röster blir hörda i processen?

Slutligen kan det finnas personer som har formell makt att påverka beslutet eller laglig rätt att involveras. Det kan vara personer med mandat att stjälpa eller hjälpa beslutet, exempelvis skyddsombud eller fackliga representanter enligt MBL och LAS.

Syftet med det här steget är att bilda oss en uppfattning om vilka personers åsikter som är relevanta att ta hänsyn till, samt hur dessa personer ska informeras och involveras i beslutsprocessen. Personer vars intressen kommer att påverkas mycket, oavsett hur mycket makt och inflytande de har, bör vi involvera genom att aktivt fråga om deras behov och förväntningar. Personer som har både stora intressen i frågan och makt att påverka bör vi vara särskilt observanta på och involvera under beslutsprocesser. De personer som vi bedömer kommer att påverkas i viss grad eller som har viss makt att påverka kan det räcka med att vi konsulterar genom att fråga om deras perspektiv på frågan. Övriga intressenter, som varken kommer att påverkas i någon större utsträckning eller som har formell makt att påverka, kan det vara tillräckligt att informera.

Frågor att ställa till berörda

När vi involverar berörda vill vi få deras syn på både frågeställningen och möjliga lösningar. Orsaken till att vi vill diskutera problemet eller möjligheten med dem är för att de kan ha perspektiv på frågan som vi annars riskerar att missa. När det gäller lösningar kan de ha andra infallsvinklar på fördelar och nackdelar som olika lösningar kan medföra.

Bra frågor att ställa kan vara:

- Håller du med om problemformuleringen?
- Anser du att situationen är allvarlig och/eller akut?
- Ser du andra möjliga orsaker till situationen?
- Vilka behov och förväntningar har du på en potentiell förändring?
- Har du förslag på lösningar avseende frågeställningen?
- Vilka för- och nackdelar ser du med förslagen på lösningarna?

Medvetna och omedvetna behov och förväntningar

När vi utforskar behov och förväntningar hos de mest relevanta intressenterna behöver vi vara observanta på att det kan finnas både medvetna och omedvetna behov och förväntningar. För att illustrera detta tar vi utgångspunkt i Kanomodellen som beskriver tre dimensioner av begreppet kvalitet.

1. *Nödvändig kvalitet* tillfredsställer outtalade behov och förväntningar. Om du har bokat ett hotellrum är ett förväntat, men inte uttalat, behov att rummet är städat och att sängen är bäddad med rena lakan och örngott. Det är sådant som inte behöver stå på hotellets bokningssida eftersom det anses som självklart.

2. *Förväntad kvalitet* tillfredsställer uttalade behov och förväntningar. På hotellets bokningssida kan du läsa att rummet har TV, kaffebryggare och luftkonditionering, det vill säga sådant som du kan förvänta dig och värdera utifrån priset.

70

3. *Attraktiv kvalitet* tillfredsställer omedvetna behov och förväntningar. När du kommer till hotellet och kliver in i rummet ser du att du fått ett rum med utsikt över stadens park, en välkomstdrink och ett gratis träningskort till gymmet som ligger intill hotellet. Nu har du fått något som du inte förväntade dig och som du kanske inte hade tänkt att du kunde få vid beställningen.

Att enbart utgå från uttalade behov leder normalt till en förväntad kvalitet, vilket i bästa fall resulterar i att kunden eller intressenten blir nöjd. Det kan vara fullt tillräckligt i många fall, men ibland vill vi nå högre än så. För att uppnå attraktiv kvalitet behöver vi göra mer än att bara titta på uttalade behov. Det kräver att vi kan sätta oss in i mottagarens perspektiv och förstå vad den personen eller gruppen tycker är viktigt och kommer att uppskatta.

Det är viktigt att vara medveten om att strävan efter en attraktiv kvalitet ofta leder till att nivån för den förväntade kvaliteten ständigt höjs. Om vi återgår till exemplet med hotellrummet, kan vi se hur behov och förväntningar har utvecklats över tid. För många år sedan kunde tillgång till internet vara en del av den attraktiva kvaliteten på ett hotell. Efter ett tag blev tillgången till internet på hotellrummet snarare en förväntad kvalitet. Idag betraktas det förmodligen som en nödvändig kvalitet, där gäster förväntar sig att det finns trådlöst internet på rummet. Detta visar på vikten av att följa utvecklingen och förstå hur behov och förväntningar förändras över tid.

Sammanfattningsvis kommer de berörda intressenterna sällan att ange vad som krävs för att uppnå nödvändig kvalitet. Dessa behov bör uppfyllas utan att de behöver uttryckas explicit. De är så kallade hygienfaktorer i sammanhanget. Förväntad kvalitet är grundläggande för att undvika missnöje, även om den sällan resulterar i hög tillfredsställelse. Däremot kan intressenterna ofta uttrycka dessa behov och förväntningar när vi frågar dem. Slutligen kan det vara svårt för de berörda att uttrycka sina behov och förväntningar när det kommer till attraktiv kvalitet, eftersom de sällan är medvetna om dem. Däremot kan vi öka chanserna att upptäcka och identifiera dessa behov genom att samla in information från flera olika perspektiv.

Utmaningar och fallgropar

Syftet med att samla in behov och förväntningar hos de som berörs är dels att skapa delaktighet, dels att ta del av perspektiv som vi annars kanske missar. Däremot bör vi vara medvetna om att informationen vi samlar in ofta till stor del består av subjektiva känslor och upplevelser. En kan tycka att sådan information inte hör hemma i ett evidensbaserat förhållningssätt, men faktum är att känslor och upplevelser kan ha en reell effekt på hur ett beslut tas emot och implementeras. Det gör dem viktiga att beakta. Samtidigt finns det en risk att vi överskattar deras faktiska innebörd och tar allt som sägs för objektiv sanning.

En central utmaning är att skilja mellan känslomässiga upplevelser som är relevanta för beslutet och potentiellt felaktiga påståenden. Människor tenderar att utgå från sina egna erfarenheter och kan därför överskatta eller underskatta konsekvenser baserat på personliga anekdoter och tolkningar. Det innebär att vi inte bara kan förlita oss på intressenternas uppfattning av verkligheten, utan vi måste också fråga oss hur väl deras perspektiv speglar de objektiva fakta som finns. Tänk dig en situation där medarbetare och chefer uttrycker oro över att många kollegor har slutat på sista tiden. Deras känsla av instabilitet och osäkerhet är viktig att ta hänsyn till eftersom den påverkar arbetsmiljön och engagemanget. Samtidigt kan deras uppfattning av storleken på problemet eller orsakerna till personalomsättningen vara felaktig. En medarbetare kan exempelvis anta att folk slutar på grund av låga löner, medan en mer systematisk analys visar att huvudanledningen snarare är brist på karriärutveckling och ett destruktivt ledarskap. Om vi enbart utgår från subjektiva uppfattningar riskerar vi att genomföra åtgärder som inte adresserar de verkliga problemen. Därför är det avgörande att vi, i dialogen med intressenter, kan urskilja påståenden som berör fakta och granska dessa på samma sätt som vi granskar annan information.

När det gäller känslor och upplevelser som är relevanta för beslutsfattandet behöver vi hantera dem på ett annat sätt. Det kan handla om känslor av oro och orättvisa eller uttryck av behov, såsom önskemål om ökad autonomi och flexibilitet. Till skillnad från andra informationskällor ligger fokus här inte på att bedöma trovärdigheten eftersom människors upplevelser är vad de är. I stället bör vi fokusera hur representativ informationen är. Det räcker inte att lyssna på de som hörs mest eller har starkast åsikter, utan vi behöver säkerställa att vi fångar in mångfalden av röster och identifierar eventuella snedvridningar i de behov och förväntningar som uttrycks.

Vägledande frågor – behov och förväntningar

Här är några frågor som kan fungera som vägledning för att utforska denna informationskälla:

- Vilka påverkas direkt och indirekt?
- I vilken grad påverkas olika individer och grupper?
- Vilken makt att påverka har olika individer och grupper?
- Hur ska vi involvera olika intressenter i beslutsprocessen?
- Vad har berörda för medvetna och omedvetna behov och förväntningar?
- Vilka risker och hinder finns i relation till berördas behov och förväntningar?
- Vad kan vi göra för att uppnå attraktiv kvalitet (om det är målsättningen)?

Kunskap och erfarenhet

Den andra informationskällan är den som vi i regel använder oss mest av. Det handlar om kunskap och erfarenhet som kommer från dig själv, kollegor, andra organisationer, externa aktörer, experter och personer i ditt nätverk. Jämfört med den individuella magkänslan kan den ackumulerade erfarenheten över tid vara av värde eftersom den innehåller specifik

74

erfarenhet och kunskap om något genom upprepning av liknande händelser. Det vill säga en form av beprövad erfarenhet. Genom reflektion, återkoppling och ett kritiskt förhållningssätt kan vi utveckla och förfina vår förmåga att navigera genom liknande situationer i framtiden. Detta kan inkludera att analysera tidigare framgångar och misslyckanden för att bättre förstå metoder eller strategier som fungerar bäst i olika situationer.

Kunskap och erfarenhet som stöd

Ett viktigt användningsområde för våra egna och andras kunskaper och erfarenheter är att låta dem vara ett stöd i beslutsprocessen. Baserat på kunskap om och erfarenhet av liknande situationer kan vi använda vårt omdöme för att översätta en situation till konkreta frågeställningar som vi sedan kan söka svar på med hjälp av information från flera olika källor. Här behöver vi vara ödmjuka inför det faktum att vår kunskap och erfarenhet kanske inte kan svara på frågorna, men att de är viktiga för att ställa rätt frågor. Det kan vara en bra punkt att utgå ifrån, samtidigt som vi behöver vara öppna för att informationen vi sedan samlar in kan leda till andra slutsatser än de vi förväntar oss.

Mångfaldiga perspektiv

Att använda kunskap och erfarenhet, både från våra egna upplevelser och andras, är viktigt då det breddar vårt perspektiv och ger oss fler alternativ att överväga. Att använda våra nätverk kan också ge oss tillgång till olika synsätt och genom sociala medier kan vi enkelt be om råd eller dela erfarenheter för att hantera olika situationer. Genom att aktivt utnyttja vårt nätverk, både digitalt och fysiskt, öppnas möjligheten att samla in en mångfald av kunskaper, erfarenheter och perspektiv. Denna variation av synsätt kan bidra till en djupare insikt och ge fler alternativ för att tackla olika situationer. Dock är det avgörande att noggrant sålla igenom all denna information för att skilja mellan vad som är trovärdigt och relevant, och vad som inte är det.

Erfarenheternas begränsningar

Erfarenheter är värdefulla, men de kan också vara förrädiska på grund av tankevurpor. Därför är det viktigt att vi noggrant bedömer deras tillförlitlighet. Det kräver att vi reflekterar över vår praktiska erfarenhet, hur många gånger vi har genomfört en handling, vilken typ av återkoppling vi har fått, om vi kan förklara grunderna för vår praxis och om sammanhanget är jämförbart. Detsamma gäller när vi utvärderar uttalanden från andra personer som anser sig ha kunskap eller erfarenhet av en fråga. Vi kan fråga dem varifrån kunskapen kommer, hur många gånger och i vilken kontext de har genomfört aktiviteten samt vilken typ av återkoppling de har fått. Dessutom måste vi väga våra egna och andras kunskaper och erfarenheter mot andra informationskällor. Erfarenhet kan i slutändan lätt formas till bestämda åsikter. Alla har rätt till egna åsikter, men inte till egna fakta. Objektiva fakta bör andra informationskällor stå för.

Även om kunskap och erfarenhet har en naturlig plats inom evidensbaserad HR sätter den ibland krokben för oss. Vi kan exemplifiera detta med hjälp av Dunning-Kruger-effekten.

Enligt den uppstår en paradox där personer med låg kompetens inom ett område ibland överskattar sin förmåga, medan mer högkompetenta personer ibland är mer självkritiska och underskattar sin förmåga. Det beror på att de med låg kompetens saknar den kunskap och insikt som krävs för att kunna bedöma sin egen inkompetens. Till följd av begränsad förståelse för området är det svårare att inse sina egna brister. Det kan innebära att personer som uppfattar sig ha god erfarenhet och kunskaper i praktiken inte har det, och tvärtom.

Erfarenhet är dessutom inget kvitto på kunskap, kompetens eller högre prestation. En person med lång erfarenhet av att arbeta med rekrytering, men som samtidigt saknar kunskaper om exempelvis vilka urvalsmetoder som har god validitet utifrån vetenskap, kommer troligtvis ha ett högt självförtroende men är i praktiken inkompetent i sitt tillämpande. Detta oavsett om personen säger sig kunna "läsa mellan raderna" och ha en grymt bra magkänsla när hen träffar kandidater på intervju. Att ha 10 000 timmar i ryggsäcken räcker helt enkelt inte för att bli expert, särskilt inte när det gäller komplexa sammanhang som organisationer utgörs av. Att göra liknande uppdrag flera gånger under en längre tid är därför ingen garanti för att erfarenhet leder till faktisk kompetens. Det är möjligt att göra samma sak väldigt många gånger utan att ta lärdom och få användbar kunskap.

Konsulter och kommersiella lösningar

Om vi inte har egna kunskaper eller erfarenheter är en vanlig lösning att ta in en extern hjälp. Eller så kanske vi hittar en färdigpaketerad lösning i en bok eller en tjänst från en kommersiell aktör. Erfarenhet från konsulter eller andra kommersiella aktörer kan vara en bra informationskälla för att få in flera perspektiv. De kan dock lida av samma problematik som vi alla har, det vill säga tankevurpor som påverkar deras bedömning. En annan faktor som kan ha betydelse är ekonomiska incitament. Enkla och snyggt paketerade koncept säljer. Det är inte alltid säkert att en extern part vill, eller kan, utföra ett uppdrag eller rekommenderar en lösning som ligger i linje med exempelvis forskning. Att konsulten har implementerat en lösning framgångsrikt i andra organisationer är heller inte någon garanti för att lösningen fungerar i den aktuella organisationen.

Nu handlar den här boken inte om att vi ska sluta lita på konsulter eller kommersiella aktörer. De kan mycket väl medverka till bättre lösningar då de bidrar med andra kunskaper, perspektiv och erfarenheter. Viktigt är dock att ha ett kritiskt förhållningssätt och fråga vad de stödjer sitt kunnande, utförande och eventuella förslag på lösning på.

Vad andra organisationer gör

När vi söker kunskap och erfarenhet är det vanligt att blicken rör sig utanför den egna organisationen för att samla in information om hur andra organisationer gör eller har gjort. Att undersöka hur andra organisationer har hanterat situationer eller implementerat arbetssätt kan ge oss information om olika metoder och strategier. Det tillåter oss att dra lärdomar av såväl framgångar som misstag, vilka kan hjälpa oss att bedöma om vi ska tillämpa dessa kunskaper i vår egen kontext. Dessutom kan det inspirera oss att utforska nya idéer och innovationer som kan vara till nytta för vårt eget arbete.

Vad vi däremot behöver vara observanta på är kontexten och kvaliteten på informationen vi hittar. Är det något som vi historiskt varit bra på inom HR är det att vi gärna riktar våra blickar mot stora välkända företag. Deras arbetssätt riskerar att anammas okritiskt då det är lätt att tro och hävda att om kända varumärken som IKEA eller Google gör på ett visst sätt så måste det vara effektfullt. Det kan det säkerligen också vara, för dem. Men det behöver inte betyda att det fungerar för en annan organisation med andra förutsättningar och kontext.

Vi behöver också vara kritiska till informationen vi tar del av. Varifrån kommer den och vem är avsändaren? Består informationen av objektiva data eller i huvudsak subjektiva upplevelser? Om avsändaren är organisationen själv och informationen delas i marknadsföringssyfte kan det finnas en aspekt av att organisationen vill måla upp en positiv bild av sig själva och deras varumärke.

Best practice

När vi undersöker hur andra organisationer gör leder det oss till begreppet best practice. Det är ett begrepp som flitigt används inom arbetslivet när man vill understryka att ett specifikt arbetssätt är det mest effektfulla eller vanligaste sättet att genomföra uppgifter på. Information om best practice kan vara till nytta eftersom det ger insikter i hur andra organisationer hanterar vanliga situationer. Men utan ett kritiskt förhållningssätt finns risken att vi kör in på fel väg och hamnar på en plats där vi kanske egentligen inte avsåg att hamna. Varje organisation har sina unika förutsättningar, vilket innebär att vad som fungerar bra i en kontext kanske inte alls är lämpligt i en annan. Best practice används dessutom ofta för att beskriva arbetssätt som är vanliga eller som enligt normen anses vara "rätt" sätt att arbeta på, vilket inte behöver innebära att det är det bästa sättet att arbeta på.

Av dessa anledningar är det därför viktigt att fundera på vem som egentligen avgör vad som är best practice. Måste ett arbetssätt ha visat sig fungera för ett visst antal organisationer för att klassificeras som best practice? Behöver resultatet och arbetssättet vara publicerat i någon erkänd tidning? Är best practice det som forskning har kommit fram till är det mest effektfulla arbetssättet? Kan vi verkligen hävda att vi tillämpar den bästa metoden om den inte har genomgått en noggrann effektutvärdering? Dessa frågor kan vara svåra att besvara eftersom det saknas en enhetlig definition av vad best practice inom arbetslivet är. Det är en bred och tvetydig term som kan tolkas på olika sätt. Vi behöver därför vara försiktiga med att okritiskt ta efter best practice utan att noggrant analysera hur de passar in i den egna organisationens behov och kontext.

Om vi dessutom bara undersöker lyckade resultat riskerar vi att skapa oss en skev bild av verkligheten och därigenom dra felaktiga slutsatser om vad som fungerar. Om framgångsrika företag har nått toppen genom riskfyllda beslut finns det troligtvis en större mängd företag som tagit liknande beslut, men som av olika anledningar har gått i konkurs. När vi söker efter best practice genom att titta på organisationer som lyckats finns det med andra ord en risk att vi tar efter arbetssätt som har haft negativ påverkan på flera andra organisationer. Därför bör vi inte rikta allt fokus på best practice utan också på det som visat sig vara "bad practice". Det är fullt möjligt att vi hittar samma arbetssätt och metoder i båda perspektiven, och att det är slumpen eller tajmingen som varit den verkliga faktorn för framgång eller misslyckande hos dessa företag.

Vägledande frågor – kunskap och erfarenhet

Här är några frågor som kan fungera som vägledning för att utforska denna informationskälla:

- Vad har jag för kunskaper och erfarenheter för den aktuella frågan?
- Vad har mina kollegor för kunskap och erfarenhet om frågan?
- Vad har andra berörda för kunskap och erfarenhet om frågan?
- Vad har personer i mitt nätverk för kunskap och erfarenhet om frågan?
- Vad finns det för kunskap och erfarenhet från andra organisationer att ta del av?
- Finns det expertkunskap att ta del av?

81

- I vilken utsträckning stödjer eller motsäger insamlade kunskaper och erfarenheter frågeställningen?

- Indikerar den insamlade kunskapen och erfarenheten andra möjliga orsaker till situationen?

- Vilka lösningar föreslår de insamlade kunskaperna och erfarenheterna?

- Vilka risker och hinder finns i relation till de kunskaper och erfarenheter vi har tagit del av?

Vetenskaplig litteratur

Den tredje informationskällan är vetenskaplig litteratur, främst bestående av vetenskapliga artiklar och faktaböcker. Vi vet att det är få inom HR som idag tar sig tid att hitta, läsa och använda vetenskaplig litteratur i sitt yrkesutövande. Anledningar till detta är bland annat tidsbrist, bristande tillgång till vetenskaplig litteratur och svårigheter att översätta teori till praktik (se exempelvis Rynes, 2002; Sanders m.fl., 2008, Langhammer, 2013; Tenhiälä m.fl., 2016; Bezzina m.fl., 2017). För att öka användningen av vetenskaplig litteratur inom arbetslivet är det därför viktigt att uppmuntra till kunskapsspridning och underlätta tillgången till relevant vetenskaplig litteratur.

Forskning är inte statisk

Forskning är en systematisk process som används för att undersöka och förstå världen runt omkring oss. Syftet med forskning är att producera ny kunskap, lösa problem och testa hypoteser genom att använda vetenskapliga metoder.

Forskningsresultaten från en studie öppnar ofta upp för fler frågor som behöver utforskas vidare. Det beror på att det i många situationer och sammanhang finns nyanser. Nyanserna kan vara subtila eller tydliga och variera i grad och betydelse. Forskningen är därför en ständigt pågående resa där vår kunskap vidgas och fördjupas med stöd av nya forskningsstudier. Vår vetenskapliga förståelse är med andra ord väldigt sällan statisk, utan förändras och nyanseras över tid.

För att kunna bedöma och tolka forskningsresultat på ett bra sätt, är det viktigt att ha en förståelse för hur forskning fungerar och vara medveten om dess komplexitet. Det kräver också en medvetenhet om att tolkningar av forskningsresultat bör göras med omsorg och i sammanhang av den bredare vetenskapliga kontexten.

Hur forskning skiljer sig från andra informationskällor

Det som skiljer vetenskaplig forskning från många andra informationskällor är att den bygger på strukturerade metoder och att den kan granskas och verifieras av utomstående. Syftet är att säkerställa att resultaten är riktiga och minimera påverkan av brus och bias. Det innebär i sin tur att information från vetenskaplig forskning ofta är mer trovärdig än många andra informationskällor, förutsatt att de aktuella studierna är välgjorda.

En central del av forskningsprocessen är kollegial granskning, så kallad peer review. Innan en vetenskaplig artikel publiceras granskas den av andra forskare inom samma fält. Syftet med detta är att säkerställa att metoder, analyser och slutsatser håller hög kvalitet. Det minskar också risken för att enskilda forskares tankevurpor leder till felaktiga slutsatser. Forskning präglas av en stark forskaretik, vilket berör forskarens ansvar gentemot sin uppgift. Det innebär att forskare ska följa etiska riktlinjer och etablerade normer i sitt arbete.

Vetenskapligt underbyggt garanterar inte framgång

Att en metod eller arbetssätt är vetenskapligt underbyggt innebär att de har utformats eller utvecklats med stöd av vetenskapliga studier. Inom arbetslivet påstås det gärna att diverse tjänster, metoder och undersökningar är vetenskapligt underbyggda eller bygger på den senaste forskningen. Exempelvis att en medarbetarundersökning har vetenskapliga frågor eller att en ledarskapsutbildning är baserad på forskning. Denna påstådda vetenskapliga förankring kan bidra till en tro att det som erbjuds är pålitligt och att det kommer att ge god effekt. Att det finns spår av vetenskap garanterar dock inte att det är effektfullt. Därför är det viktigt att inte oreflekterat anta att en tjänst, metod eller arbetssätt kommer att lösa dina problem bara för att den bygger på forskning. I stället bör du engagera dig och ta del av den underliggande forskningen, samtidigt som du undersöker vilken annan forskning det finns på ämnet.

Om en leverantör berättar att deras medarbetarundersökning bygger på forskning, fråga på vilket sätt och efterfråga de vetenskapliga studier som de har använt. Bygger områdena och frågorna i medarbetarundersökningen på mer generella studier som exempelvis visar att ledarskapet är viktigt, eller bygger de på någon särskild modell som har stöd i forskning?

Hur har frågorna valts ut och hur vet vi att de mäter vad de avser att mäta? Har frågorna validerats mot relevanta kriterier som personalomsättning, sjukskrivningstal eller organisatoriska resultat?

Vetenskapliga artiklar

Forskningsresultat sprids formellt genom publicering av vetenskapliga artiklar i specialiserade tidskrifter, kallade vetenskapliga journals. Vetenskapliga artiklar kan ibland vara svårlästa, och resultaten presenteras ofta i tabeller som kan vara utmanande att tolka. Ett användbart tillvägagångssätt kan vara att börja med diskussionsavsnittet när du läser en vetenskaplig artikel. I detta avsnitt sammanfattas resultaten och relateras till tidigare forskning och praktisk betydelse. Vill du sedan ta reda på mer om hur studien har gått till kan du skumma igenom metodavsnittet som förklarar vilka som har deltagit i studien och hur forskarna har gått tillväga.

När du läser vetenskapliga artiklar bör du vara medveten om att enskilda forskningsstudier säger en del, men sällan tillräckligt. Om det finns många enskilda studier inom ett avgränsat område görs ibland så kallade metaanalyser eller systematiska litteraturöversikter. Dessa innebär en noggrann och systematisk genomgång av all tillgänglig forskning inom ett avgränsat område, vilket ger en bra grund för att förstå vad som är känt inom ett specifikt område eller ämne. Om du vill ta reda på vilken forskning som finns inom ett område är det därför klokt att aktivt söka efter just metaanalyser och systematiska litteraturöversikter. Dessa kan i sin tur vara en källa till att hitta enskilda studier som är relevanta att titta närmare på.

I slutet av boken finns Bilaga 1 som ger en förklaring av olika typer av studier och som kan fungera som en vägledning för att navigera genom olika typer av forskningsstudier.

Hitta och få tillgång till forskning

För att söka och filtrera fram vetenskapliga artiklar använder du dig av en databas för vetenskapliga publikationer. Det finns många olika databaser, men några exempel från det beteende-vetenskapliga området är ABI/INFORM, Business Source Elite och PsycINFO. För att få tillgång till dessa databaser behöver du vanligtvis gå via ett bibliotek, exempelvis som student på en högskolekurs. En del databaser tillåter dock att du kan söka och läsa sammanfattningar av artiklar, men för att få tillgång till hela artikeln behöver du rätt behörigheter.

Det kan med andra ord vara lite krångligt att hitta och ta del av vetenskapliga artiklar. En lösning är att använda Googles kostnadsfria databas för vetenskapligt innehåll, som du hittar på scholar.google.com. Databasen täcker in många ämnesområden och inkluderar både publicerade artiklar, böcker, konferensbidrag och rapporter. Google Scholar visar en länk bredvid sökresultatet om artikeln finns tillgängligt öppet någonstans på internet. Det finns även möjlighet att filtrera på översiktsartiklar, hitta relaterade artiklar och hitta artiklar som har citerat en annan artikel. Du kan dessutom följa forskare och få ett mejl när de har publicerat en ny artikel. Utmaningarna med Google Scholar är att filtreringsmöjligheterna är mer begränsade än i traditionella vetenskapliga databaser och att du inte kan filtrera bort artiklar som inte är peer-reviewed. Men det kan vara en bra början för att hitta relevanta artiklar inom ett område.

För att effektivisera din sökning kan du använda dig av *boolean-teknik*, vilket innebär att du använder tecken och ord för att specificera sökningen. I Bilaga 2 kan du läsa mer om vilka tekniker och sökord du kan använda för att avgränsa eller bredda din sökning.

Det finns även AI-sökmotorer som kan samla och extrahera data från ett stort antal vetenskapliga artiklar, i skrivande stund exempelvis Elicit och Consensus. Dessutom finns det AI-verktyg som kan sammanställa vetenskaplig litteratur från uppladdade filer, göra kopplingar mellan olika ämnen samt skapa poddar av det uppladdade materialet.

Andra sätt att ta del av forskning kan vara att läsa vetenskapliga sammanställningar publicerade av myndigheter, lyssna på poddar eller delta i seminarier där forskare berättar om sin forskning. Du kan också följa forskare och vetenskapliga institut på sociala medier. Det ger tillfälle att få insikt i pågående projekt, aktuella forskningsteman och de senaste upptäckterna.

Faktaböcker

Faktaböcker, exempelvis kurslitteratur som används på högskolor och universitet, utgör ofta utmärkta informationskällor för att få en översikt av forskningsläget inom ett avgränsat område. Dessa böcker innehåller vanligtvis referenser eller hänvisningar till annan vetenskaplig litteratur och kan även vara författade av forskare. De erbjuder i många fall en introduktion till ämnet, historisk kontext och tydliga förklaringar av viktiga begrepp och teorier samt vägleder läsaren genom de centrala aspekterna av det specifika ämnet. Det underlättar sedan övergången till mer djupgående forskningsmaterial, som vetenskapliga artiklar och rapporter, för en mer detaljerad och ingående förståelse för ämnet.

Jämfört med vetenskapliga artiklar är faktaböcker vanligtvis mer lättlästa och tilltalande för en bredare publik, vilket gör dem till en bra start när du vill samla och använda vetenskaplig information. Faktaböcker kan delas upp i två typer: monografier och antologier. Monografier är böcker som skrivs av en eller flera författare tillsammans. Antologier består i sin tur av kapitel skrivna av olika författare. En fördel med antologier är att varje kapitel är skriven av en särskild expert eller forskare på just det ämnet som kapitlet handlar om.

Populärvetenskapliga böcker

Populärvetenskapliga böcker är ofta skrivna för en bredare publik och syftar till att kommunicera komplex information på ett tillgängligt och engagerande sätt. Böckerna kan vara skrivna av forskare och praktiker samt ha en stor variation gällande vilka typer av referenser och information som innehållet bygger på.

En del populärvetenskapliga böcker vilar på bra vetenskaplig grund där författarna också hänvisar till källorna som innehållet bygger på, medan andra utgår från egna och andras observationer och erfarenheter samtidigt som de saknar källhänvisning. Det finns också alla varianter däremellan. I vissa populärvetenskapliga böcker presenteras dessutom diverse framgångsrecept som i grunden saknar vetenskapligt stöd eller är baserade på förenklade tolkningar av komplexa teorier eller ensidig användning av forskningsresultat. En annan risk är att författaren aktivt valt att lyfta fram vissa studieresultat samtidigt som de helt ignorerar andra. Den här typen av förfarande brukar kallas för cherry-picking och genom det kan författaren skildra en väldigt felaktig bild av hur forskningsläget ser ut.

När Pfeffer och Sutton (2006) jämförde internationellt bästsäljande managementböcker uppmärksammade de att böckerna ibland presenterar motstridiga koncept och förklaringsmodeller inom samma ämnesområde, vilket belyser svårigheten att navigera rätt i kategorin populärvetenskapliga böcker. Som läsare behöver du därför vara medveten om skillnaderna mellan olika typer av populärvetenskapliga böcker och överväga vilken tillförlitlighet du eftersträvar.

Vägledande frågor – vetenskaplig litteratur

Här är några frågor som kan fungera som vägledning för att utforska denna informationskälla:

- Vad finns det för vetenskaplig litteratur som stödjer behoven eller frågan?
- Motsätter den vetenskapliga litteraturen min eller andras erfarenhet? Varför?
- Är den vetenskapliga litteraturen relevant för kontexten?

89

Data och information från organisationen

Den fjärde källan för information hämtas främst från den egna organisationen, men kan också komma från andra organisationer. Det handlar om interna data och information från exempelvis HRM-system, enkäter och undersökningar som gjorts inom organisationen.

Möjligheter och utmaningar med egen data

En av de största fördelarna med interna data är relevansen. Eftersom informationen speglar faktiska förhållanden i den aktuella organisationen är den ofta mer direkt användbar än generella forskningsstudier. Exempelvis kan interna medarbetarundersökningar, feedback från kunder och produktivitetsmätningar ge en mer exakt bild av verksamheten. Dessa interna mätningar ger också en möjlighet att identifiera trender och mönster som är svåra att upptäcka på annat sätt, särskilt i snabbt föränderliga miljöer.

Samtidigt finns det utmaningar kopplat till metoder för insamling och analys. På samma sätt som vi behöver vara kritiska till hur forskningsresultat har samlats in, analyserats och tolkats behöver vi vara kritisk till vår egen data. Frågor som är bra att ställa är exempelvis:

- Hur och vilka frågor har ställts?
- Vilka har svarat på frågorna?
- Hur hög är svarsfrekvensen?
- Hur har data analyserats?

- Hur har tolkningen gjorts?
- Är tolkningen rimlig?
- Finns det andra tolkningar?

Problemet med låg svarsfrekvens är vanligt vid enkätundersökningar. Låg svarsfrekvens kan skapa snedvridningar som gör att vi drar fel slutsatser. Det kan exempelvis vara så att bara de som är mycket missnöjda eller mycket nöjda svarar på enkäten, medan den stora majoriteten i mitten uteblir. Därför bör vi vara försiktiga med att dra slutsatser av enkätundersökningar med låg svarsfrekvens och komplettera med andra informationskällor.

Stöd för att hantera data och information

Organisationer idag har tillgång till stora mängder data. För att kunna hantera den växande datamängden har olika typer av mjukvara och stödsystem utvecklats, såsom beslutsstödsystem och AI-verktyg.

Beslutsstödsystem, eller *Business Intelligence system* (BI-system), består bland annat av databaser, analytiska verktyg och applikationer avsedda att hjälpa organisationer att få en tydligare förståelse av data och information från olika datasystem. Det ökar möjligheten att identifiera avvikelser, följa trender och stödja beslutsfattande.

AI används idag inom allt fler områden av arbetslivet. Den kan vara integrerad i sökmotorer och programvaror, generera information åt oss eller hjälpa oss att identifiera mönster i stora mängder data. Utvecklingen innebär att det blir allt vanligare att vi använder AI i någon form när vi söker och analyserar data och information, både internt och externt. I det bästa scenariot kan AI bistå oss med att aggregera och filtrera stora mängder relevant och trovärdig information, vilket kan vara ett enormt värdefullt stöd i HR-arbetet. Men trots potentialen behöver vi vara medvetna om riskerna och begränsningarna. Ett kritiskt förhållningssätt kan hjälpa oss att ifrågasätta informationen vi tar del av och granska dess rimlighet.

Utöver avancerade och smarta programvaror kan enkla enkätverktyg vara användbara för att samla in relevant information. Med hjälp av ett enkätverktyg kan du få en bättre bild av hur saker är och upplevs i organisationen.

Jämföra sig med andra organisationer

Benchmarking handlar om att jämföra organisationens processer, nyckeltal eller resultat med andra organisationer. Det är en metod som gärna används för att säkerställa att organisationen följer vad andra anser är vedertagna arbetssätt eller för att få insikt om den egna positionen i förhållande till andra, exempelvis om sjukfrånvaron eller personalomsättningen är hög eller låg jämfört med andra.

Valet av organisationer som ska inkluderas i benchmarkingen är viktigt att fundera på. Att jämföra sig med organisationer som har liknande verksamhet och liknande förutsättningar är ofta nödvändigt för att jämförelsen ska ge relevanta insikter. Genom att undvika att jämföra äpplen med päron ökar du sannolikheten för att resultaten kan användas på ett meningsfullt sätt.

Trots fördelarna har benchmarking också brister och kan leda till missvisande slutsatser. Att anta att en annan organisationers sjukfrånvaro eller personalomsättning är normal kan exempelvis leda till insatser som egentligen inte behövs. Du behöver därför ha ett kritiskt förhållningssätt även här och fråga dig själv varför du vill göra jämförelsen och vilka slutsatser som är rimliga att dra av resultatet.

Vägledande frågor – data och information från organisationen

Här är några frågor som kan fungera som vägledning för att utforska denna informationskälla:

- Vad finns det för data och information inom organisationen att använda?
- Vad finns det för data och information som stödjer behovet eller frågan?
- Vad finns det för data och information som motsäger behovet eller frågan?
- Hur kan vi bedöma rimligheten?
- Finns det en historik och trender att ta hänsyn till?
- Kan något användas för att följa upp eller utvärdera i kommande steg?
- Vad finns det för data och information från andra organisationer som vi kan använda och jämföra med?

Steg 3 – bedöm informationen

I samband med att informationen samlas in behöver du göra en bedömning av dess trovärdighet och relevans. Det inkluderar att göra en analys av potentiella begränsningar och användbarheten kopplad den specifika kontexten. Alla typer av informationskällor har sina för- och nackdelar. En vetenskaplig studie kan exempelvis ge en solid grund att stå på och bidra med en grundlig analys av ett ämne, samtidigt som erfarenhet från andra organisationer har möjlighet att bidra med konkreta och praktiska tips och råd. Båda källorna är ofta värdefulla av olika anledningar.

För att bedöma informationen behöver du fråga dig själv var, hur, när och på vilket sätt informationen har hämtats. Svaren på dessa frågor hjälper dig att bedöma informationens trovärdighet och relevans.

Trovärdighet

Trovärdighet handlar om att informationen är tillförlitlig och korrekt. Den stora frågan vi behöver ställa oss är om vi kan lita på informationen. Vi behöver ifrågasätta varifrån informationen kommer, hur den har samlats in och bearbetats samt hur den har granskats av utomstående. Vi behöver också vara observanta på om avsändaren av informationen har något intresse, exempelvis ekonomiskt, i vad informationen visar. Om det är fallet bör vi ställa högre krav på hur data har samlats in, bearbetats och granskats för att betrakta informationen som trovärdig.

Mänskliga tankevurpor, subjektiva tolkningar och snedvridna urval kan påverka informationens trovärdighet. Därför är det viktigt att ta reda på vilka metoder som har använts, exempelvis när det gäller urvalet, vilka frågor som har ställts, hur data har analyserats och presenterats, samt vilka slutsatser som har dragits utifrån detta.

Några frågor som är bra att ställa för att bedöma trovärdigheten är:

- Vem är avsändaren av informationen? Hur pålitlig är avsändaren?
- Finns det intressekonflikter som kan påverka informationens trovärdighet?
- Vilken data består informationen av? Hur har den samlats in och bearbetats?
- Finns det potentiella snedvridningar i insamlingen eller tolkningen som kan påverka trovärdighet?
- Har informationen verifierats eller granskats av andra?

Relevans

För att information ska vara användbar behöver den inte bara vara trovärdig utan också meningsfull för den specifika situationen eller sammanhanget. Det är vad relevans handlar om, i vilken utsträckning informationen går att koppla till vår aktuella situation och kontext. Här avgör vi om informationen berör samma ämnesområde och om informationen kommer från samma typ av sammanhang. Faktorer såsom organisation och yrkesgrupp påverkar i vilken utsträckning vi kan anta att slutsatserna gäller även i vårt fall.

Att bedöma informationens relevans handlar också om att bedöma rimlighet och betydelse. För att göra det behöver vi ibland sätta den i ett sammanhang eller en historisk kontext. Om vi exempelvis ska bedöma om en ökning av sjukfrånvaron från 3,1 till 6,5 procent är en oroande utveckling och behöver åtgärder underlättar det att sätta utvecklingen i ett längre historiskt sammanhang. Att definiera vad som är normalt i olika sammanhang kan vara svårt, inte minst när det gäller data som sjukfrånvaro och personalomsättning. För att göra en rimlighetsbedömning kan det därför vara lämpligt att jämföra med andra liknande organisationer.

Några frågor som är bra att ställa för att bedöma relevansen är:

- Berör informationen samma ämnesområde som vi är intresserade av?
- Är informationen av betydelse för att förstå eller hantera den aktuella situationen?
- Kommer informationen från en liknande kontext? Det vill säga samma typ organisation och yrkesgrupp och/eller sammanhang? Ibland är kontexten mer relevant och ibland mindre.
- Kommer informationen hjälpa oss att fatta ett bättre beslut? Det vill säga tar informationen oss närmre en lösning?

Kritiskt förhållningssätt

Den tredje principen för evidensbaserad HR betonar vikten av att ha ett kritiskt förhållningssätt till information, det vill säga att vara källkritisk. Det innebär att vi inte antar eller tar saker för givet utan i stället ifrågasätter och analyserar. Med ett kritiskt förhållningssätt strävar vi efter att förstå informationens bakgrund, eventuella brister och hur den förhåller sig till andra relevanta informationskällor och perspektiv. Vi ställer relevanta frågor om informationens trovärdighet och relevans, även när vi vill tro att informationen är riktig och subjektivt uppfattar den som rimlig.

Det kritiska förhållningssättet gäller alla informationskällor, även de som tenderar att vara mer trovärdiga än andra. Forskning är ett bra exempel. Det är lätt att utgå från att något är sant bara för att det är publicerat i en vetenskaplig artikel. Men även forskning måste granskas kritiskt. Vi behöver ställa frågor om vilka metoder som har använts, om urvalet är representativt, om resultatet är generaliserbart till vår specifika kontext, om det finns intressekonflikter och om det finns andra studier som pekar på motsatt resultat. En enskild studie, även om den är vetenskapligt utförd, kan ha metodologiska begränsningar. Dessutom är forskningsfältet och den vetenskapliga förståelsen för olika ämnen ständigt under utveckling. När vi förhåller oss kritiskt och ställer relevanta frågor kan vi få en mer pålitlig bild av ämnet och undvika att dra felaktiga slutsatser baserat på enstaka källor.

Ett annat exempel är undersökningar som genomförs inom HR-området. Många av dessa görs av intresseorganisationer eller kommersiella aktörer. Eftersom aktörerna kan ha egna intressen i frågan finns en risk för intressekonflikter. Ofta presenteras också färdiga lösningar på de problem som undersökningen lyfter fram, vilket kan påverka hur resultaten framställs. Till skillnad från vetenskapliga studier finns inga formella krav på metod eller genomförande för dessa typer av undersökningar. Det innebär att det inte alltid finns en tydlig beskrivning av hur urvalet har gjorts, hur data har samlats in eller hur resultatet har analyserats. Utan möjlighet att granska undersökningens trovärdighet är det svårt att dra riktiga slutsatser. Ofta saknas en statistisk analys om skillnader och om samband är statistiskt signifikanta. Det innebär att en undersökning kan visa på samband eller resultat som i praktiken inte är relevanta, vilket ger vilseledande information eller en skev bild av verkligheten.

Genom att ha ett kritiskt förhållningssätt uppmuntrar vi samtidigt till en aktiv och engagerad process för kunskapsbildning. I stället för att passivt acceptera information som giltig, blir vi delaktiga i att forma vår egen förståelse och utveckla mer nyanserade perspektiv. Vi vågar utmana rådande antaganden och uppdatera våra kunskaper i takt med att vi får ny information. Det gör oss inte bara bättre rustade att fatta välgrundade beslut, utan också mer öppna för att ifrågasätta våra egna föreställningar och undvika kognitiva tankevurpor.

Steg 4 – aggregera informationen

När vi har samlat och bedömt information från olika källor vill vi lägga ihop allt till en helhet på ett sätt som hjälper oss i beslutsfattandet. En utmaning med det är att vi kan hamna i en situation där vi har stora mängder information, med varierande trovärdighet och relevans, som pekar i olika riktningar. Det kan helt enkelt bli ganska rörigt. Därför underlättar det om vi organiserar och kategoriserar den insamlade informationen på ett systematiskt sätt. Då kan vi lättare göra en analys, dra paralleller mellan olika källor och komma till rimliga slutsatser.

Strukturera information i en matris

Ett förhållandevis enkelt sätt att sammanställa och organisera informationen är att göra en matris. Det innebär att du sammanfattar innehållet och din bedömning av information från olika källor i ett kalkylark eller liknande utifrån ett antal fördefinierade rubriker och kategorier. Här vill vi kortfatta beskriva informationen, dess trovärdighet och relevans. Det finns egentligen inga rätt eller fel sätt att bygga upp en matris, men nedan är några förslag på rubriker:

- *Informationskälla*: var informationen kommer ifrån.
- *Trovärdighet*: bedömning av informationens trovärdighet.
- *Relevans*: bedömning av informationens relevans i sammanhanget.

99

- *Insikter och rekommendationer:* vad informationen kommer fram till.

- *Gemensamma mönster och trender:* återkommande teman som upptäckts genom informationsinsamlingen.

- *Överensstämmelse/oenighet:* om frågeställningen berör för/ emot en viss lösning kan det vara lämpligt med en rubrik som tydliggör i vilken riktning informationen pekar.

- *Koppling till mål och strategier:* hur informationen förhåller sig till organisationens ledning, styrning och strategier.

- *Kommentar/slutsats:* eventuella övriga kommentarer eller slutsatser.

Vissa av rubrikerna kommer att innehålla kvalitativ information, såsom sammanfattningar av insikter och rekommendationer. Andra kan däremot kvantifieras genom kategorier eller en bedömningsskala för att skapa en tydligare och mer jämförbar analys. För bedömningen av trovärdighet och relevans kan du exempelvis använda en fördefinierad bedömningsskala. Tabellen visar exempel på enkla skalor för bedömningen av trovärdighet och relevans.

Trovärdighet	Relevans
1: Låg trovärdighet Svag metod, möjliga intressekonflikter, potentiella snedvridningar, ej granskad.	**1: Låg relevans** Orelaterat ämnesområde, begränsad betydelse för frågeställningen, annan kontext.
2: Måttlig trovärdighet Acceptabel metod men med vissa brister, viss risk för intressekonflikter eller snedvridningar, delvis granskad.	**2: Måttlig relevans** Relaterat ämnesområde, av viss betydelse för frågeställningen, liknande kontext.
3: Hög trovärdighet Transparent och robust metod, låg risk för intressekonflikter, granskad av utomstående.	**3: Hög relevans** Samma ämnesområde, av stor betydelse för frågeställningen, samma kontext.

Genom att på det här sättet sätta ett värde på informationens trovärdighet och relevans blir det lättare att avgöra hur vi bör väga olika källor mot varandra. Om exempelvis en stark studie pekar åt ett håll, medan två svaga studier pekar åt ett annat, kan det hjälpa oss att vikta slutsatserna mer balanserat.

Dilemman när vi aggregerar information

Att sammanställa och vikta information från flera källor är en komplex uppgift som innebär flera utmaningar. En stor utmaning är att avgöra värdet av information från olika källor, exempelvis hur vetenskaplig litteratur ska förhålla sig till erfarenhet från högt uppsatta chefer i organisationen. Den vetenskapliga litteraturen har möjlighet att ge en sammanfattande och

101

förhållandevis objektiv bild av forskningsläget. Chefernas erfarenhet kan i sin tur erbjuda insikter baserade på praktisk erfarenhet och förståelse för organisationen. Deras perspektiv kan vara rika på kontext och djup men samtidigt färgade av förutfattade meningar och tankevurpor. Vilken information som bör ha större vikt kan såklart bero på frågeställningen. Samtidigt bör vi vara medvetna om att även om fem myror (ledare) är fler än fyra elefanter (vetenskapliga studier), så kan en elefant väga mer för att den är underbyggd av flera hundra deltagare och statistiska analyser. En relaterad utmaning är att hantera motsägelsefull information. Olika källor kan peka i olika riktningar, och det är inte alltid tydligt vilken som är mest tillförlitlig eller vilken som bör väga tyngst i beslutet. Däremot är det bra att vara uppmärksam på information som säger emot varandra. Om flera vetenskapliga studier och våra interna data pekar åt samma håll, ger det oss större förtroende för att vi är på rätt väg. Men om det finns motsägelsefull information kan det vara en indikation på att vi behöver leta efter mer information innan vi bestämmer oss för nästa steg. En lösning kan vara att genomföra mindre pilotprojekt, samla in ny intern data, utvärdera och eventuellt justera beslutet.

Det är också viktigt att vara medveten om och observant på bekräftelsebias när vi aggregerar information. Vi tenderar att ge större vikt åt information som bekräftar våra redan existerande uppfattningar. För att motverka detta kan vi standardisera vår bedömning, genom tydliga bedömningsskalor, och aktivt söka efter källor som ifrågasätter våra antaganden.

Sannolikhet och bayesianskt tänkande

När vi utforskar en frågeställning för att förstå eller hantera en situation är vi intresserade av sannolikhet. Vad är sannolikheten att situationen beror på orsak x? Vad är sannolikheten att lösning y kommer att fungera? Om du tänker tillbaka på matematiken i skolan kan du kanske dra dig till minnes en formel för att beräkna sannolikhet. Om du har en burk med 10 röda och 40 blå kulor och sedan tar upp en slumpmässig kula, vad är sannolikheten att kulan är röd? Här är det förhållandevis enkelt att räkna ut att sannolikheten är 1 av 5, det vill säga 20 procent. Men när utfallet är okänt, när vi inte vet hur många röda eller blå kulor det finns i burken, är det svårare att uppskatta sannolikheten.

I organisatoriska sammanhang handlar sannolikhet inte om exakta beräkningar utan snarare om en uppskattning av hur hög tilltro vi har till ett specifikt utfall. Ofta står vi inför situationer där vi har begränsad information och behöver nyansera våra antaganden när ny information blir tillgänglig. Här kommer *bayesianskt tänkande* in i bilden. Det handlar om hur våra observationer förändrar vår kunskap om ett osäkert eller okänt utfall. I praktiken handlar Bayesianskt tänkande om att utgå från en initial sannolikhetsbedömning och sedan uppdatera denna baserat på tillkommen information.

Tänk dig att du arbetar i en organisation som har problem med hög personalomsättning. Ni tror att brist på flexibla arbetstider och brist på kompetensutveckling är de största problemen. Detta baseras på informella samtal med chefer och medarbetare. Ni uppskattar att en förbättring inom dessa två områden med 50 procents sannolikhet kommer att medföra en betydande minskning av personalomsättningen.

Ni använder er sedan av en nyligen genomförd medarbetarundersökning som visar att en majoritet av medarbetarna uppger att flexibla arbetstider och utvecklingsmöjligheter är viktiga faktorer för att de ska vilja stanna. Ni höjer nu er bedömning av sannolikhet till 60 procent. Ni hittar även forskning som visar att flexibla arbetsarrangemang och kompetensutveckling har ett samband med minskad intention att lämna jobbet. Detta ökar er tilltro till förslaget till 70 procent.

I det här fallet gav den tillkomna informationen en stärkt tilltro till det aktuella förslaget, men vi kan lika gärna tänka oss en annan situation där medarbetarundersökningen och/eller forskningen pekar i andra riktningar. Då behöver vi sänka vår uppskattning att förslaget kommer att fungera och kanske överväga andra alternativ. I en annan situation kanske ni står med två förslag, där ni bedömer att det ena förslaget har 40 procents chans att lyckas, och det andra har 70 procents chans att lyckas. Då är det relativt enkelt att avgöra vilket förslag ni bör fokusera på.

Bayesianskt tänkande är särskilt användbart i komplexa situationer och hjälper oss att hantera osäkerhet när vi aggregerar information genom att kontinuerligt justera hypoteser baserat på ny evidens och tidigare kunskap. Detta leder i slutändan till att vi kan fatta mer nyanserade beslut, i stället för att låsa oss vid en slutsats för tidigt.

Steg 5 – fatta beslut och tillämpa

Efter att vi har samlat, bedömt och sammanställt behöver vi ställa oss frågan om vi kan använda oss av informationen. Även om informationen har högt informationsvärde kan den ha vuxit fram i andra kontexter. Därför behöver vi väga in kontextuella faktorer och avgöra hur de påverkar beslutet och eventuella leveranser. I detta sammanhang blir begreppen *följsamhet* och *anpassning* centrala (Hasson & Thiele, 2017; 2023). Följsamhet refererar till hur väl en metod eller ett arbetssätt implementeras i praktiken jämfört med dess teoretiska beskrivning. Med andra ord handlar det om i vilken utsträckning den används enligt den beskrivning som ges i exempelvis forskningsartiklar. Å andra sidan involverar anpassningar medvetna förändringar som görs för att anpassa metoden till den specifika kontexten. Dessa anpassningar kan vara nödvändiga för att leveranser ska vara relevanta för den aktuella situationen. Användbar information uppstår alltså när vi tar hänsyn till både metod och kontext. Först då leder informationen till nytta, vilket bildar en form av evidensekvation (Metod x Kontext = Nytta).

När vi tar ställning till om informationen kan användas handlar det alltså inte enbart om att svara på frågan om något fungerar, utan också om för vem det fungerar, för vilket syfte och under vilka omständigheter.

Vilka konsekvenser finns?

När vi har sammanställt all information och fått insikter om möjliga beslut och leveranser kan det vara frestande att omedelbart sätta igång med implementeringen. En lyckad implementering kräver dock flera överväganden, inklusive tillgängliga resurser, påverkan på arbetsmiljö och potentiella hinder och risker. Att överväga konsekvenserna och sedan ställa sig frågan "Är det bättre att inte göra någonting alls?" är en viktig del av processen. Denna reflektion kan leda till ytterligare anpassningar, eller att vi helt enkelt inser att det är bättre att inte göra någonting alls och lägga resurserna på annat. Några frågor som kan vara värda att ställa är:

- Vilka direkta effekter förväntas av beslutet eller leveransen?
- Vilka indirekta eller långsiktiga konsekvenser kan uppstå?
- Finns det potentiella negativa effekter eller risker?
- Hur påverkas olika intressenter av beslutet och leveransen?
- Vilka antaganden gör vi om framtiden, och hur säkra är vi på dem?
- Har vi tillräckliga resurser för att implementera leveransen?

För att öka sannolikheten för en lyckad implementering behöver vi ofta involvera berörda parter, särskilt de som påverkas direkt. Delaktighet bidrar inte bara till acceptans utan ger också viktiga perspektiv och insikter som kan vara till nytta vid uppföljning och utvärdering. Faktorer som kan ha betydelse för en lyckad implementering är att berörda parter upplever att leveransen erbjuder något bättre än det nuvarande tillståndet och andra alternativ. Det är också fördelaktigt om leveransen är lätt att förstå samt att resultaten kan synliggöras objektivt. Några vanliga ingredienser för en misslyckad implementering är att "bara köra på" utan att tydligt klargöra vad som ska göras, bristande förberedelser och otydlig kommunikation.

Plan för implementering

För att genomföra en bra implementering av det som ska tillämpas är det viktigt att ha en genomförandeplan. Planen bör beskriva åtgärderna som ska vidtas, ansvarsfördelning, tidsplan, kommunikation samt när och hur uppföljning och utvärdering ska ske. I det här sammanhanget kan Knoster (1991) tankemodell vara till hjälp. Den belyser vad som kan hända om vissa komponenter saknas vid en förändring.

1. Om en **vision** saknas skapas förvirring och ingen vet vart vi ska.

2. Om **motivation** saknas begränsas förändringen eftersom ingen vill förändras.

3. Om **kompetens** saknas skapas oro och osäkerhet eftersom ingen vet hur de ska förändras.

4. Om **resurser** saknas leder det till frustration därför att ingen har tid eller möjlighet att genomföra förändringen.

5. Om en **plan** saknas skapas ineffektivitet och ingen vet vad, hur eller när saker ska göras.

Med hjälp av tankemodellen kan vi främja implementering genom att säkerställa att:

- Alla vet vad och varför för att på så sätt bygga viljan att förändras (vision och motivation).
- Alla har kompetens och möjlighet att genomföra förändringen (kompetens och resurser).
- Det finns en plan för vem, hur, när och uppföljning (plan).

I syfte att öka sannolikheten för en lyckad implementering bör vi också överväga möjligheten att testa beslutet eller leveransen i mindre skala innan vi går vidare fullt ut. Pilottest kan leda till nya insikter och finjusteringar, vilket i sin tur kan minska risken för problem och förbättra träffsäkerheten när vi väl implementerar fullt ut.

Plan för uppföljning och utvärdering

För att vid ett senare tillfälle kunna avgöra om beslutet och leveransen var framgångsrik behöver vi redan innan implementeringen planera för hur vi ska följa upp, mäta effekterna och utvärdera. Att planera för uppföljning och utvärdering innan vi genomför förändringar är viktigt eftersom det möjliggör att vi samlar in rätt data och information från början. Om vi väntar med att bestämma hur vi kan följa upp och utvärdera till efter implementeringen riskerar vi att sakna en tydlig baslinje att jämföra med. Dessutom minskar vi risken för att subjektiva uppfattningar eller efterhandskonstruktioner påverkar bedömningen av resultatet.

Inledningsvis behöver vi ha en tydlig bild av vad vi vill uppnå med beslutet och/eller leveransen. Det kan handla om att vi sätter ett eller flera mätbara mål. Om vi saknar mål eller om målen är vagt formulerade är det svårt att avgöra om vi har uppnått dem. Frågorna vi bör ställa och svara på är:

- Vad vill vi uppnå med beslutet och/eller leveransen?
- Hur vet vi att vi har uppnått det?

Att svara på frågorna inkluderar att identifiera nyckeltal (KPI:er) som vi kan koppla till målen. Valet av nyckeltal kan se ut på många olika sätt. De kan beröra målgruppens attityder och upplevelser, lärande, beteende och resultat. De kan utgöras av exempelvis enkätundersökningar, intervjuer, observationer, affärsdata eller personalrelaterade data. Bara fantasin sätter gränser för vad som är möjligt, däremot vill vi försöka säkerställa att det vi mäter faktiskt är en indikation på det vi vill mäta.

Om vi vill utvärdera om beslutet och/eller leveransen har gett en effekt, det vill säga att det faktiskt har skett en förändring i önskad riktning, behöver vi också en baslinje. Baslinjen är nuläget som vi utgår från och som vi vill jämföra den eventuella förändringen mot. Genom att säkerställa att vi har data och information som representerar nuläget innan implementeringen kan vi senare avgöra hur beslutet och/eller leveransen har påverkat verksamheten.

Slutligen är det bra att redan i det här skedet planera för när uppföljning och utvärdering ska ske. Det ökar sannolikheten för att vi faktiskt gör uppföljningar och en utvärdering. Hur vi följer upp och utvärderar resultatet går vi närmare in på i steg sex.

Tillämpa innebär beteendeförändring

Vid implementering av nya rutiner och arbetssätt behöver vi ofta anpassa oss och lära oss nya beteenden. Mänskligt beteende kan förstås och förändras på olika sätt. Ett tillvägagångssätt är att utgå från *Organizational Behavior Management* (OBM), som betonar observerbara och mätbara beteenden, konsekvensens betydelse, samt användningen av förstärkning för att öka önskade beteenden. Inom OBM används ABC-modellen, som står för Aktiverare (A), Beteende (B) och Konsekvenser (C). Aktiverare är de signaler som sätter igång ett beteende medan konsekvenserna är det som sker efter beteendet.

$$A \rightarrow B \leftrightarrow C$$

Aktiverare, såsom styrdokument, arbetsbeskrivningar och chefers instruktioner, har en begränsad påverkan på våra beteenden. Större delen av våra beteenden påverkas i stället av konsekvenserna. Exempel på konsekvenser är uppföljning, feedback, erkännande, uppskattning och bestraffning. Det är framför allt konsekvenser i närtid, och särskilt positiv förstärkning, som har en betydande och långsiktig effekt på våra beteenden. Positiv förstärkning innebär att något positivt eller önskvärt tillförs efter ett önskat beteende för att öka sannolikheten att beteendet upprepas, till exempel beröm eller erkännande vid en återkoppling. Genom att förstå samspelet mellan aktiverare, beteende och konsekvenser kan vi utveckla effektfulla strategier för implementering och öka sannolikheten för lyckad beteendeförändring.

En annan modell för att analysera och förstå mänskligt beteende är ett teoretiskt ramverk som kallas COM-B. Namnet COM-B står för Capability, Opportunity och Motivation, vilka representerar tre huvudsakliga komponenter som tillsammans kan förklara och påverka vårt beteende.

- *Capability (Förmåga)*: Avser individens fysiska och psykologiska förmåga att utföra en viss handling. Det inkluderar kompetens och mentala resurser som krävs för att genomföra beteendet. Implementeringsstrategier som kan bidra till att öka förmågan är bland annat att sprida information, kompetensutveckling och regelbunden uppföljning.

- *Opportunity (Möjlighet)*: Innefattar de yttre faktorer eller miljömässiga omständigheter som antingen underlättar eller hindrar utförandet av beteendet. Det kan inkludera tillgång till resurser, sociala normer och den fysiska miljön. Implementeringsstrategier som kan öka möjligheten att utföra ett beteende är bland annat att säkerställa snabb hantering av problem, att snabbt synliggöra positiva effekter, och social påverkan genom exempelvis förebilder och ambassadörer.

- *Motivation (Motivation)*: Avser de mentala processer som driver eller styr beteendet. Det kan inkludera grad av moti-

111

vation, intentioner, känslor och andra faktorer som påverkar beslutet att utföra eller undvika ett visst beteende. Implementeringsstrategier som kan öka motivationen är bland annat att stärka medarbetarnas känsla av autonomi, kompetens och tillhörighet.

För att lyckas med implementering och tillämpning behöver vi alltså förstå vilka beteenden som behövs och sedan tydliggöra, följa upp och återkoppla på dessa. Vi kan arbeta med att förändra och tydliggöra aktiverare och konsekvenser samt avgöra vilka implementeringsstrategier som bäst säkerställer att medarbetarna har förmåga, möjlighet och motivation att förändra sitt beteende.

Steg 6 – bedöm utfallet

Det kan vara lätt att tänka att arbetet är färdigt när den nya processen eller insatserna är implementerade. Men om vi vill lära oss något är det ett viktigt steg som kvarstår, nämligen att bedöma utfallet. Tyvärr är detta en aktivitet som ibland prioriteras bort. Det är olyckligt eftersom vi då går miste om ett ypperligt tillfälle för lärande och utveckling. Om vi inte vet om effekterna blev de önskade vet vi heller inte om vi fattade rätt beslut eller genomförde en träffsäker leverans.

Att följa upp och utvärdera på ett systematiskt sätt är dessutom ett verktyg för att bygga upp beprövad erfarenhet, det vill säga erfarenhetsbaserad kunskap som växer fram genom att vi analyserar, diskuterar och kritiskt granskar. Denna erfarenhet kan dessutom bli en användbar och tillförlitlig informationskälla vid framtida beslut och leveranser.

Hur vi bedömer utfallet kan variera beroende på vad det är för typ av beslut och leveranser vi har implementerat. Om vi har gjort mindre förändringar av standardprocesser kan vi ofta bedöma utfallet med hjälp av interna data från olika datasystem, alternativt med stöd av intervjuer eller enkäter. Mer komplexa beslut, som har en potentiellt större påverkan på arbetssätt och verksamhet, kan behöva en mer djupgående utvärdering. Det kan exempelvis vara aktuellt att utvärdera utifrån flera målgruppers perspektiv och med hjälp av flera utvärderingsmetoder. Beslut som rör helt nya situationer kännetecknas ofta av en brist på tidigare referenspunkter eller samlad kunskap, vilket kan kräva andra strategier för att navigera genom det okända. Vi vill förmodligen följa upp och utvärdera snabbare och oftare för att ta reda på om vi är på rätt väg eller om vi behöver justera kursen.

Skillnaden mellan uppföljning och utvärdering

Att bedöma utfall innebär att både följa upp och utvärdera. För att vi ska veta vad det är vi ska följa upp och utvärdera behöver vi ha identifierat nyckeltal som är relevanta för målet med insatsen. I bästa fall har vi även någon form av baslinje eller beskrivning av utgångsläget som kan fungera som en referenspunkt. Sedan använder vi uppföljning och/eller utvärdering som verktyg för att bedöma utfallet. Båda processerna hjälper oss att dra lärdomar av implementeringen och möjliggör förbättring och förfining av beslut och arbetssätt.

Uppföljning

Uppföljning syftar till att bevaka och förfina genomförandet av en pågående aktivitet. Målet är att undersöka om det går enligt plan samt att identifiera och hantera hinder och möjligheter som uppstår längs vägen. Det är en kontinuerlig process som sker under och kort efter implementeringen för att se om förändringen rör sig i rätt riktning. Uppföljning kan med andra ord beskrivas som en realtidsövervakning av genomförandet.

Uppföljning fokuserar på frågor som:

- Har förändringen genomförts?
- Följer vi planen som vi beslutade?

114

- Finns det några praktiska hinder eller motstånd i organisationen?
- Behöver vi justera något i genomförandet?

Utvärdera

Utvärdering handlar om att bedöma vilka effekter beslutet eller leveransen hade på organisationen. Här tittar vi på och reflekterar över utfall och resultat i relation till målen. I praktiken innebär det en mer omfattande aktivitet som kan ske vid ett eller ett flertal tillfällen efter genomförandet. Ofta är det lämpligt att utvärdera både kortsiktiga och långsiktiga effekter eftersom vissa resultat kan vara omedelbara medan andra kan ta tid att utvecklas. Om möjligt kan vi överväga användningen av kontrollgrupper eller jämförelsegrupper för att kunna göra en mer säker bedömning av utfallet. Utvärdering fokuserar på frågor som:

- Har beslutet/leveransen lett till förväntade resultat?
- Vilka positiva eller negativa effekter har förändringen haft?
- Hur påverkas organisationen på lång sikt?
- Vad fungerade bra, och vad kan förbättras till nästa gång?

Bedöma utfall med stöd av återkoppling och reflektion

Att förstå utfallet av ett beslut eller en leverans kräver både objektiv återkoppling och strukturerad reflektion. Återkoppling kan ge oss en objektiv bild av vad som faktiskt har hänt,

115

medan reflektionen gör det möjligt att skapa mening och dra lärdomar av det. Båda delarna är nödvändiga för att få en helhetsbild och kunna förbättra framtida beslut och leveranser.

Återkoppling

Återkoppling är i det här sammanhanget insamlad data som relaterar till beslutet eller leveransen. Det kan vara kvantitativ data (till exempel enkätsvar och mätbara resultat) och/eller kvalitativ data (från exempelvis intervjuer och observationer). Datan kan vara kopplad till olika effektnivåer; intryck, lärande, beteende och resultat. Beroende på målen med insatsen kan det vara aktuellt att samla in data på en eller flera nivåer.

1. *Intryck*: exempelvis via en enkät direkt efter en aktivitet i syfte att utvärdera upplevelser och synpunkter. Syftet är ofta att fånga upp känslor, intresse och tillfredsställelse.

2. *Lärande*: exempelvis via kunskapstester eller färdighetstester, med syfte att mäta lärande och färdigheter före och efter leveransen.

3. *Beteende eller tillämpning*: exempelvis via observationer eller feedback från kollegor och överordnade, med syfte att ta reda på om målgruppen tillämpar nya lärdomar och beteenden i praktiken.

4. *Resultat*: exempelvis via mått på produktivitet, effektivitet, ekonomi eller personalomsättning, med syfte att utvärdera effekterna på organisationens resultat.

Vilken nivå vi bör fokusera på beror på målen och hur mycket resurser som kan avsättas till utvärderingen. En snabb temperaturmätning av intryck kan ge en indikation på hur en förändring eller leverans tas emot, men för att förstå de långsiktiga effekterna behöver vi ofta analysera beteenden och resultat. Däremot är det mer komplext att utvärdera beteenden och resultat än intryck och lärande. Dels kan det vara svårt att hitta tillförlitliga mått och resurseffektiva mätmetoder. Dels påverkas beteenden och resultat av många fler faktorer än intryck och lärande, vilket gör det svårare att härleda eventuella förändringar till den aktuella aktiviteten.

Precis som den information vi använder när vi fattar beslut kan vara osäker, kan även den information vi använder vid utvärderingen vara osäker. Därför är det viktigt att ha ett kritiskt förhållningssätt, samla information från flera källor och komplettera subjektiva upplevelser med objektiv data.

Reflektion

Medan återkoppling ger oss data om utfallet, är reflektion en process där vi tolkar och skapar mening. Det handlar om att stanna upp och fundera över varför ett beslut eller en leverans fick det utfall det fick, vilka faktorer som spelade in och vad vi kan lära oss inför framtiden. Utan reflektion riskerar vi att bara samla in data utan att använda den till förbättring. Strukturerad reflektion hjälper oss att identifiera mönster, förstå orsaker och dra användbara lärdomar.

Ett effektfullt verktyg för strukturerad reflektion är *After-Action Review* (AAR). Det är en metod med starkt forskningsstöd (Keiser & Arthur, 2021) som ursprungligen kommer från det militära, men som idag används i både privata och offentliga organisationer för att följa upp eller utvärdera en aktivitet eller händelse på ett systematiskt sätt. En AAR bygger på fyra centrala frågor:

1. *Vad ville vi uppnå?* Klargör vad ni hade eller har för syfte och mål med beslutet/leveransen.
2. *Vad hände?* Använd återkoppling för att beskriva vad som faktiskt inträffade eller hur det faktiskt fungerar.
3. *Varför blev det som det blev?* Analysera orsaker till framgångar och utmaningar. Identifiera lärdomar och lösningar. Även här kan återkoppling vara till hjälp. Fokusera på vad, varför och hur, inte vem.
4. *Vad ska vi göra annorlunda nästa gång?* Skapa en handlingsplan för framtiden. Det kan vara så enkelt som att summera vad ni ska fortsätta göra, sluta göra och börja göra.

Håll det enkelt

Om uppföljningen eller utvärderingen uppfattas som ett stort projekt finns det en risk att det inte blir av. Därmed finns det ett värde i att hålla det enkelt, men utan att kompromissa med kvaliteten. Det handlar om att hitta en balans mellan noggrannhet och effektivitet, så att vi får meningsfulla insikter utan att överdriva komplexiteten eller tidsramarna. Balansen kan se olika ut beroende på vad det handlar om för beslut eller leverans. Ett första pilottest kan exempelvis ha en enklare uppföljning och utvärdering än en fullskalig implementering av en stor förändring.

En bra riktlinje för en tillräckligt bra bedömning av utfall kan vara att inkludera:

- En före- och eftermätning inom kategorin intryck och upplevelser.
- En före- och eftermätning inom kategorin beteende, tilllämpning eller resultat.
- Ett flertal AAR under och efter implementering.

Då har du ett flertal informationskällor att bedöma, du har kompletterat subjektiv data med mer objektiv data och du omsätter återkoppling till lärande genom reflektion.

Ständiga förbättringar

Uppföljning och utvärdering av utfallet är en viktig källa till ny kunskap. Därför bör resultatet inte bara utgöra en avslutande anteckning utan också fungera som en informationskälla för ständiga förbättringar. Om resultaten pekar på områden där förbättringar eller justeringar behövs kan vi använda *iteration* som ett verktyg för utveckling. Att iterera innebär att göra små förändringar baserat på insikter från uppföljningar och utvärderingar. Det kan inkludera att identifiera och korrigera eventuella brister, förstärka framgångsfaktorer och anpassa arbetssättet till förändrade förhållanden. I stället för att kasta hela arbetet i papperskorgen kan vi alltså på det här sättet upprepa leveransen med små eller stora justeringar för att sedan följa upp och utvärdera igen. Givetvis kan det även finnas tillfällen där utfallet är så pass dåligt att det är läge att avskriva idén och gå vidare till alternativa lösningar.

Värdet av uppföljningen och utvärderingen ligger i möjligheten till lärande och utveckling. Av den anledningen blir ständiga förbättringar, där beslut och arbetsmetoder regelbundet anpassas baserat på utfallet, grundläggande i det här steget. För att upprätthålla detta cykliska arbetssätt behövs en kultur som värderar ett evidensbaserat förhållningssätt där uppföljningar och utvärderingar inte bara är en engångshändelse utan en integrerad del av organisationens DNA. Det kräver i sin tur en prestigelöshet och en syn på utebliven framgång som ett lärandetillfälle snarare än ett nederlag.

Utvärdera beslutsprocessen

När vi utvärderar tenderar vi att fokusera på utfallet, det vill säga om förändringen eller leveransen ledde till önskade resultat eller inte. Det är också det vi har fokuserat på i det här kapitlet. Men många gånger är det värdefullt att också förstå hur vi kom fram till beslutet från början. Det kan hjälpa oss att identifiera brister i beslutsprocessen, vilket i förlängningen kan förbättra framtida beslut och leveranser. Därför är det nyttigt att stanna upp och utvärdera beslutsprocessen. Med facit i hand, det vill säga utfallet av beslutet och leveransen, kan vi titta på beslutsprocessen med andra ögon och kanske se saker som vi inte såg då. En utvärdering av processen kan innebära att granska de sex steg och metoder vi använde för att fatta beslutet. Vi kan exempelvis gå tillbaka och reflektera över:

Klargör frågeställningen

- Var situationen och frågeställningen tydligt definierade från början?
- Beaktade vi rätt perspektiv och intressenter?

Samla in information

- Baserades beslutet/leveransen på en bred och pålitlig informationsbas?
- Tog vi hänsyn till flera olika perspektiv och informationskällor?

Bedöm informationen

- Gjorde vi en systematisk analys av informationen?
- Fanns det risker för bias eller felaktiga antaganden som vi missade?

Aggregera informationen

- Hur sammanställde vi den insamlade informationen?
- Utforskade vi flera möjliga lösningar eller fastnade vi vid en lösning?

Fatta beslut och tillämpa

- Involverades rätt personer i beslutsfattandet och implementeringen?
- Hur kommunicerades beslutet inom organisationen?

Bedöm utfallet

- Fanns det tydliga kriterier för att mäta framgången?
- Använde vi lämpliga metoder och verktyg för att följa upp och utvärdera utfallet?

Även här kan AAR vara ett användbart verktyg för att skapa struktur i reflektionen.

Summering – del 4

Processen för evidensbaserad HR består av sex steg.

Klargör frågeställningen handlar om att definiera och formulera den situation som vi vill hantera. Det vill säga identifiera vad det är som egentligen behöver stödjas av information från de fyra olika källorna.

Samla in information handlar om att samla in information från de fyra informationskällorna. Du får då en mer heltäckande bild av den tillgängliga informationen relaterad till frågeställningen.

Bedöm informationen handlar om att bedöma informationens trovärdighet och relevans. Det innebär att vi har ett kritiskt förhållningssätt när vi analyserar informationens begränsningar och bedömer om den kan användas i det aktuella sammanhanget.

Aggregera informationen handlar om att lägga ihop all insamlad information till en helhet på ett sätt som hjälper oss i beslutsfattandet.

Fatta beslut och tillämpa handlar om att omvandla informationen till konkreta aktiviteter, implementera dem i organisationen och inte minst säkerställa att vi förstärker önskvärda beteenden.

Bedöm utfallet handlar om att följa upp och utvärdera utfallet. På så sätt kan organisationen lära sig av sina framgångar och misstag och använda denna kunskap med syfte att förbättra framtida beslut och arbetssätt.

De mest väsentliga delarna att ta med sig är:

- Identifiera situationen, ställ frågor för att förstå orsaker och konsekvenser, och säkerställ att frågan är relevant för organisationens mål och strategier.

- Använd en mångfald av informationskällor och både kvalitativa och kvantitativa metoder. Fyra centrala informationskällor är behov och förväntningar, kunskap och erfarenhet, vetenskaplig litteratur, samt data och information från organisationen.

- Bedöm trovärdighet och relevans genom att ifrågasätta källor och kontext.

- Systematisera och kategorisera informationen för analys. Använd gärna bedömningsskalor för trovärdighet och relevans, hantera motsägelsefull information och var medveten om bekräftelsebias.

- Väg in kontextuella faktorer, överväg konsekvenser och gör en implementeringsplan.

- Använd OBM och COM-B för att förstå och påverka beteenden.

- Följ upp och utvärdera med hjälp av verktyg som After-Action Review (AAR) och intervjuer och enkäter.

Reflektionsfrågor

1. Vad är situationen och varför är det aktuellt just nu? (ställ frågan varför 3–5 gånger)

2. Vilka frågeställningar behöver vi söka svar på och vilka kommer att påverkas? (direkt och indirekt)

3. Hur säkerställer vi att den insamlade informationen är relevant och tillförlitlig?

4. Hur hanterar vi osäkerhet i tolkningar och slutsatser?

5. Hur kan vi systematiskt organisera och kategorisera den insamlade informationen?

6. Hur hanterar vi motsägelsefull information och hur kan vi skapa en plan för implementering som inkluderar alla nödvändiga aspekter?

7. Vilka metoder kan vi använda för att följa upp och utvärdera, och hur kan vi skapa en kultur som värderar uppföljning och utvärdering som en metod för ständiga förbättringar?

124

Avslutning

Ambitionen med denna bok har varit att ge dig svar på vad evidensbaserad HR är, varför det behövs och hur du tillämpar det. Därmed inte sagt att det som presenterats i denna bok ger en komplett och heltäckande vägledning. Det finns så klart mycket mer att säga om området. Vår förhoppning är att innehållet har väckt din nyfikenhet och gett dig några verktyg för att tillämpa ett evidensbaserat förhållningssätt i ditt arbete.

I ett nötskal innebär evidensbaserad HR att ha en strukturerad beslutsprocess där fyra informationskällor står i centrum:

1. *Information hämtad från behov och förväntningar* innebär att ta hänsyn till de som direkt och indirekt påverkas i sammanhanget. Det handlar om att aktivt lyssna på och engagera de som berörs, såsom ledning, anställda, kunder och leverantörer. Genom att ta hänsyn till deras perspektiv kan vi forma beslut och leveranser som ligger i linje med de faktiska behoven i organisationen.

2. *Information hämtad från kunskaper och erfarenheter* innebär att använda sig av egna och andras kunskaper och erfarenheter. Det handlar om att använda egen kunskap om organisationen för att sätta forskning och annan information i relation till sammanhanget. Det handlar också om att vara öppen för att lära sig av kollegor, andra organisationer, ämnesexperter och personer inom ens nätverk. Att dela och ta

till sig kunskap och erfarenheter kan ge nya perspektiv och berika beslutsprocessen inför leverans.

3. *Information hämtad från vetenskaplig litteratur* innebär att söka, granska och använda forskning publicerad i vetenskapliga tidskrifter och faktaböcker. Det säkerställer att beslut och leveranser är baserade på aktuell och pålitlig information som har genomgått en granskning av sakkunniga inom området.

4. *Data och information hämtad från organisationen* innebär att ta del av exempelvis data, enkäter och undersökningar som producerats av organisationen själv. Det gör det möjligt att söka svar på frågeställningar, följa trender över tid och att göra jämförelser.

Det kan vara värt att påminna om att evidensbaserad HR kommer från tvillingen Evidence-Based Management (EBMgt). Det innebär att de grundläggande principerna, de fyra informationskällorna och processen även kan vara till nytta för andra områden än enbart HR i en organisation. Strukturen ger alltså i sin helhet en vägledning för ett evidensbaserat arbetssätt och förnuftig användning av information i arbetslivet.

Förhoppningsvis har du med denna bok fått en ökad förståelse för hur behov och förväntningar hos de som påverkas kan bidra till bättre resultat både på kort och lång sikt. Att vara medveten om potentiellt dolda behov och förväntningar är av betydelse för att skapa attraktiva lösningar som passar den aktuella kontexten. Du har förhoppningsvis fått en ökad förståelse om att kunskap och erfarenhet kan bidra till fler perspektiv, samtidigt som det inte är tillräckligt för att uppnå en djup och tillförlitlig förståelse. Du har kanske också insett att vetenskaplig litteratur utgör en mycket värdefull informationskälla som har potential att användas i högre utsträckning. Förhoppningsvis har du fått verktyg för hur du kan hitta, granska och förstå forskning som berör ditt arbete. Dessutom har du fått insikt i möjligheterna och utmaningarna med att använda data och information från organisationen samt att uppföljning och utvärdering är viktiga verktyg för att dra lärdomar och justera arbetssätt.

Det är viktigt att komma ihåg att tillämpning i praktiken är mer komplext än vad teorin ibland antyder. Att omsätta teori till praktisk tillämpning är nästan alltid en utmaning. Förhoppningsvis har denna bok kunnat bidra till en ökad förståelse och kan fungera som en språngbräda för evidensbaserad HR. Slutligen, kom ihåg att evidensbaserad HR inte är en tävling i kortdistanslöpning utan snarare ett maraton. Det handlar om långsiktig uthållighet och konsekvent tillämpning över tid, snarare än kortvariga insatser.

Bilaga 1 – Vetenskapliga studier

En *Systematic review* har till syfte att noggrant identifiera samtliga vetenskapliga studier som är relevanta kopplat till ett visst område och värdera samtliga studier enskilt. När studierna är insamlade görs en genomgång och resultatet redovisas i form av lättare statistik typ, så som sju av tio studier visar på positiva resultat.

En *Meta-analysis* har till syfte att sammanfatta och statistiskt bearbeta en större mängd enskilda studier inom en viss frågeställning. Målet är att kunna beskriva var forskningsläget står i den aktuella frågan.

I en *Randomized controlled trial (RCT)* har deltagarna slumpmässigt fördelats in i olika grupper, samtidigt som det finns en kontrollgrupp. Sedan gör forskarna någon form av intervention eller experiment hos grupperna förutom kontrollgruppen. Effekten mäts genom att dels jämföra grupperna med kontrollgruppen, dels med hjälp av en före- och eftermätning på samtliga grupper.

I en *Controlled before-after study (CBA)* delas deltagarna in i olika grupper, dock inte slumpmässigt, med en kontrollgrupp. I övrigt görs studien på liknande sätt som en RCT. Detta upplägg kallas ibland för andra namn så som *Non randomized controlled trial (NRCT)* eller *Controlled longitudinal study.*

I en *Cohort study* följer forskarna en större mängd grupper över en längre tidsperiod med syfte att identifiera skillnader som uppstår mellan grupperna. Kan också benämnas som *Panel study* eller *Longitudinal study*.

I en *Case-control study* studerar forskarna förändring retroaktivt. En grupp deltagare med ett visst utfall jämförs med en grupp som inte har detta utfall. Kan också gå under namnet *Observational study*.

I en *Controlled study* delas deltagarna in i olika grupper, dock inte slumpmässigt, med en kontrollgrupp. En intervention genomförs och sedan jämförs grupperna. Mätningen görs endast efter interventionen, det vill säga ingen mätning före interventionen görs.

I en *Cross-sectional study* samlas en stor mängd data in under en kort tidsperiod och forskarna undersöker samband mellan variabler, så kallade korrelationer. Kan ibland även benämnas som *Correlational study*

I en *Case study* undersöker forskarna en större mängd faktorer inom ett begränsat område. Exempelvis en arbetsplats eller en arbetsgrupp under en bestämd tidsperiod. Ofta samlas data och information in genom olika metoder, men oftast används intervjuer som den främsta datainsamlingsmetoden. Kan även benämnas som *Field study*.

I en *Action research* görs studien under en aktivitet eller intervention med syfte att förbättra metoden, processen eller situationen för de som medverkar. Forskningen utförs utan att man försöker distansera sig från den verksamhet eller det område som är subjekt för forskningen. Syftet är i stället att ha direkt påverkan med målet att bidra till lösningen på det praktiska problemet i en verklig situation.

Bilaga 2 – Sökteknik

För att effektivisera din sökning av vetenskapliga studier kan du använda dig av *boolean-teknik*, vilket innebär att du använder tecken och ord för att specificera sökningen. Du kan exempelvis använda:

- Citattecken för att söka efter exakta fraser. Till exempel: *"psychological safety"*.

- AND för att hitta artiklar som innehåller flera söktermer. Till exempel: *"psychological safety" AND learning*.

- OR för att hitta artiklar som innehåller något av flera söktermer. Till exempel: *"psychological safety" OR "psychological security"*.

- NOT för att utesluta vissa termer. Till exempel: *"psychological safety" NOT healthcare*.

- Parenteser för att skilja söktermer från varandra. Till exempel: *("psychological safety" OR "psychological security") AND learning*.

- Asterisk för att söka på olika varianter av ett ord. Till exempel: *learn**, vilket hittar alla ord som börjar med learn, inklusive learning och learner.

Vill du hitta systematiska litteraturöversikter kan du skriva dina sökord och sedan lägga till följande fras: *AND ("systematic literature overview" OR "systematic overview")*.

Till exempel: *"psychological safety" AND ("systematic literature overview" OR "systematic overview")*.

Vill du hitta metastudier kan du i stället lägga till frasen: *AND ("meta-analysis" OR "meta-analytic")*.

Till exempel: *"psychological safety" AND ("meta-analysis" OR "meta-analytic")*.

Referenser

Anseel, F., Lievens, F., & Schollaert, E. (2009). Reflection as a strategy to enhance task performance after feedback. *Organizational Behavior and Human Decision Processes, 110*, 23-35.

Antman, E. M., Lau, J., Kupelnick, B., Mostseller, F., & Chalmers T. C. (1992). A comparison of results of meta-analyses of randomized control trials and recommendations of clinical experts. *JAMA, 268*(2), 240–248.

Barends, E, Villanueva, J., Rousseau, D.M., Briner, R.B., Jepson, D.M., Houghton, E. & Ten Have, S. (2017). Managerial attitudes and perceived barriers regarding evidence-based practice: An international survey. *PLoS One, 12*(10), e0184594.

Barends, E. & Rousseau, D.M. (2018). *Evidence-based management: how to use evidence to make better organizational decisions.* London: Kogan Page Ltd.

Barends, E. (2015). *In Search of Evidence. Empirical findings and professional perspectives on evidence-based management.* Avhandling, VU University of Amsterdam.

Becker, E.B. & Huselid, M.A. (1998). High performance work systems and firm performance: A synthesis of research and managerial implications. *Personnel and Human Resources Management*, 16, 53–101.

Bergman, B. Klefsjö, B. (2012). *Kvalitet från behov till användning.* (5 uppdat. och utök. uppl.) Lund: Studentlitteratur.

Bezzina, F., Cassar, V., Tracz-Krupa, K., Przytuła, S., & Tipurić, D. (2017). Evidence-based human resource management practices in three EU developing member states: Can managers tell truth from fallacy? *European Management Journal,* 35(5), 688-700.

Boglind, A., Hällsten, F. & Thilander, P. (2011). HR transformation and shared services: Adoption and adaption in Swedish organizations. *Personnel Review,* 40(5), 570–588.

Boglind, A., Hällsten, F. & Thilander, P. (2013). *HR-transformation på svenska: Om organisering av HR-arbete.* Lund: Studentlitteratur.

Bohlin, I. & Sager, S. (red). *Evidensens många ansikten: Evidensbaserad praktik i praktiken.* Lund: Arkiv förlag.

Boon, C., Den Hartog, D. N., & Lepak, D. P. (2019). A systematic review of human resource management systems and their measurement. *Journal of management,* 45(6), 2498-2537.

Boselie, P. Dietz, G. & Boon, C. (2005). Commonalities and contradictions in research on human resource management and performance. *Human Resource Management Journal,* 15, 67–94

Combs, J., Liu, Y., Hall, A. & Ketchen, D. (2006). How much do high performance work practice matter? A meta-analysis of their effect on organizational performance. *Personnel Psychology,* 59, 501–528.

Cooke, L.F. (2006). Modeling an HR shared services center: Experience of an MNC in the Untited Kingdom. *Human Resource Management, 45*(2), 211–227.

Criado-Perez, C., Collins, C. G., & Jackson, C. (2020). Enablers of evidence-based management: Clues from the absorptive capacity literature. *Australian Journal of Management, 45*(3), 468-487.

Criado-Perez, C., Jackson, C., Minbashian, A., & Collins, C. G. (2024). Cognitive reflection and decision-making accuracy: Examining their relation and boundary conditions in the context of evidence-based management. *Journal of Business and Psychology, 39*(1), 249-273.

Damm, M. & Tengblad, S. (2000). Personalarbetets omvandlingar i Sverige. I: O. Bergström & M. Sandoff (red.). *Handla med människor: Perspektiv på human resource management* (s. 27–50). Lund: Academia adacta.

Damschroder, L. J., Reardon, C. M., Widerquist, M. A. O., & Lowery, J. (2022). The updated Consolidated Framework for Implementation Research based on user feedback. *Implementation science, 17*(1), 75.

de Frutos-Belizón, J , Martín-Alcázar, F., & Sánchez-Gardey, G. (2021). The research–practice gap in the field of HRM: a qualitative study from the academic side of the gap. *Review of Managerial Science, 15*, 1465-1515.

Deadrick, D. L., & Gibson, P. A. (2009). Revisiting the research–practice gap in HR: A longitudinal analysis. *Human Resource Management Review, 19*(2), 144-153.

Delery, J. E., & Roumpi, D. (2017). Strategic human resource management, human capital and competitive advantage: is the field going in circles? *Human Resource Management Journal, 27*(1), 1-21.

Denti, L. (2018). *Personalvetenskapliga perspektiv på innovation.* Stockholm: Liber.

Durlak, J. A., & DuPre, E. P. (2008). Implementation matters: A review of research on the influence of implementation on program outcomes and the factors affecting implementation. *American journal of community psychology, 41*, 327-350.

Ellis, S., & Davidi, I. (2005). After-event reviews: drawing lessons from successful and failed experience. *Journal of Applied Psychology, 90*(5), 857-871.

Ellström, P.-E., Löfberg, A. & Svensson, L. (2005). Pedagogik i arbetslivet: Ett historiskt perspektiv. *Pedagogisk Forskning i Sverige, 10*(3/4), 162-181.

Engström, A. & Lundin, M. (2018). *Personalvetenskapliga perspektiv på kommunikation.* Stockholm: Liber.

Ferm, L., Wallo, A., Reineholm, C., & Lundqvist, D. (2023). Defender, Disturber or Driver? The ideal-typical professional identities of HR practitioners. *Personnel Review*, DOI 10.1108/PR-06-2023-0511

Folkvett. (2019). Om 2018 års pris till "årets förvillare". *Organ för vetenskap & folkbildning (VoF), 2019:1*, 7-40.

Forssell, A. & Ivarsson Westerberg, A. (2007). *Organisation från grunden.* Malmö: Liber.

Gibbsons, J. & Woock, C. (2007). *Evidence-based human resources: A primer and summary of current literature.* Research report, the conference board of Canada.

Gill, C. (2018). Don't know, don't care: An exploration of evidence based knowledge and practice in human resource management. *Human resource management Review, 28*(2), 103-115.

Goodwin, P. (2002). Integrating management judgment and statistical methods to improve short-term forecasts. *The International Journal of Management Science, 30*, 127-135.

Granberg, O. (2011). *PAOU: Personaladministration, HRM och organisationsutveckling.* (8 rev. och utök. utg.) Stockholm: Natur & kultur.

Grove, W. M. (2005). Clinical versus statistical prediction: The contribution of Paul E. Meehl. *Journal of clinical psychology, 61*(10), 1233-1243.

Guest, D.E (2011). Human resource management and performance: Still searching for some answers. *Human Resource Management Journal, 21*(1), 3–13.

Hagafors, R. & Brehmer, B. (1983). Does having to justify ones judgement change the nature of the judgment process? *Organizational Behavior and Human Performance, 21*(2), 223-232.

Hamori, M. & Koyuncu, B. (2015). Experiance matters? The impact of prior CEO experience on firm performance. *Human Resoruce Management, 54*(1), 23-44.

Hasson, H. & Thiele Schwarz, U.V. (2017). *Användbar evidens: om följsamhet och anpassningar.* Stockholm: Natur & Kultur.

Hasson, H. & Thiele Schwarz, U.V. (2023). *Implementeringsboken: så inför du nytt som gör nytta.* Stockholm: Natur & Kultur.

Huselid, M.A. (1995). The impact of human resource management practices on turnover, productivity, and corporate financial performance. *Academy of Management Journal, 38*(3), 635–872

Jamal, W. & Saif, M.I. (2011). Impact of human capital management on organizational performance. *European Journal of Economics, Finance and Administrative Science, 34*, 55–69.

Kahneman, D. (2013). *Tänka, snabbt och långsamt.* Stockholm: Månpocket.

Kahneman, D., Sunstein, C.R. & Sibony, O. (2021). *Brus: det osynliga felet som stör våra bedömningar - och vad du kan göra åt det.* Stockholm: Volante.

Kämmer, J. E., Choshen-Hillel, S., Müller-Trede, J., Black, S. L., & Weibler, J. (2023). A systematic review of empirical studies on advice-based decisions in behavioral and organizational research. *Decision, 10*(2), 107-137.

Kearns, P. (2013). *Professional HR: Evidence-based people management and development.* New York: Routledge.

Keiser, N. L., & Arthur Jr, W. (2021). A meta-analysis of the effectiveness of the after-action review (or debrief) and factors that influence its effectiveness. *Journal of Applied Psychology, 106*(7), 1007.

Keltner, D., Gruenfeld, D. H., & Anderson, C. (2003). Power, approach, and inhibition. *Psychological review, 110*(2), 265.

Knoster, T. (1991). Factors in managing complex change. In *Material presentation at TASH conference, Washington DC The Association for People with Severe Disabilities.*

Kougiannou, N. K., & Ridgway, M. (2022). How is human resource management research (not) helping practice? In defence of practical implications. *Human Resource Management Journal, 32*(2), 470-484.

Langhammer, K. (2013). *Employee selection: Mechanisms behind practitioners' preference for hiring practices.* Doktorsavhandling, Stockholms universitet.

Larsson, B., Ulfsdotter Eriksson, Y. & Adolfsson, P. (2017). *Personalvetenskapliga perspektiv på lön & belöning.* Stockholm: Liber.

Lawler III, E. E. (2007). Why HR practices are not evidence-based. *Academy of management Journal, 50*(5), 1033-1036.

Lawrence, M., Goodwin, P., O'Connor, M., & Önkal, D. (2006). Judgmental forecasting: A review of progress over the last 25 years. *International Journal of Forecasting, 22*, 493-518.

Lee, R.P., Chen, Q., & Hartmann, N.N., (2016). Enhancing stock market return with new product preannouncements: the role of information quality and innovativeness. *Journal of Product Innovation Management, 33*(4), 455-71.

Martin, J., Feldman, M.S., Hatch, M.J. & Sitkin S.B. (1983). The Uniqueness Paradox in Organizational Stories. *Administrative Science Quarterly, 28*(3), 438-453.

McCracken, M. & McIvor, R. (2013). Transforming the HR function through outsourced shared services: Insight from the public sector. *The International Journal of Human Resource Management, 24*(8), 1685–1707

McNees, S. K. (1990). The role of judgment in macroeconomic forecasting accuracy. *International Journal of Forecasting, 6*(3), 287-299.

Miake-Lye, I. M., Delevan, D. M., Ganz, D. A., Mittman, B. S., & Finley, E. P. (2020). Unpacking organizational readiness for change: an updated systematic review and content analysis of assessments. *BMC health services research, 20*(1), 1-13.

Michie, S., Van Stralen, M. M., & West, R. (2011). The behaviour change wheel: a new method for characterising and designing behaviour change interventions. *Implementation science, 6*(1), 1-12.

Nutt, P. C. (1999). Surprising but true: Half the decisions in organizations fail. *The Academy of Management Executive, 13*(4), 75-90.

Obedgiu, V. (2017). Human resource management, historical perspectives, evolution and professional development. *Journal of Management Development, 36*(8), 986-990.

Okumus, F. (2003). A framework to implement strategies in organizations. *Management decision, 41*(9), 871-882.

Pfeffer, J. & Sutton, R.I. (2010). Treat your organization as a prototype: The essence of evidence-based management. *Design management Review, 17*(3), 10-14.

Pfeffer, J. & Sutton, R.I. (2000). *The knowing-doing gap: how smart companies turn knowledge into action.* Boston, Mass.: Harvard Business School.

Pfeffer, J. & Sutton, R.I. (2006). *Hard facts, dangerous half-truths, and total nonsense: profiting from evidence-based management.* Boston, Mass.: Harvard Business School Press.

Powell, B. J., Waltz, T. J., Chinman, M. J., Damschroder, L. J., Smith, J. L., Matthieu, M. M., ... & Kirchner, J. E. (2015). A refined compilation of implementation strategies: results from the Expert Recommendations for Implementing Change (ERIC) project. *Implementation science, 10*(1), 1-14.

Raynolds, S.J., Schultz, F.C. & Hekman, D. R. (2006). Stakeholder theory and managerial decision-making: Constraints and implications of balancing stakeholder interests. *Journal of Business Ethics, 64*(3), 285-301.

Redman, T., Snape, E., Wass, J. & Hamilton, P. (2007). Evaluating the human resoruce shared services model: Evidence from the NHS. *The International Journal of Human Resource Management, 18*(8). 1486–1506.

Rousseau, D. M. (2006). Is there such a thing as "evidence-based management"?. *Academy of management review, 31*(2), 256-269.

Rousseau, D. M. (2020). Making evidence-based organizational decisions in an uncertain world. *Organizational Dynamics, 47*(3), 135-146.

Rousseau, D. M., & ten Have, S. (2022). Evidence-based change management. *Organizational Dynamics, 51*(3), 1-13.

Rousseau, D.M. & Barends, E.G.R. (2011). Becoming an evidence-based HR practioner. *Human Resource Management Journal, 21*(3), 221-235.

Rynes, S. L. & Bartunek, J. M. (2017). Evidencebased management: Foundations, development, controversies, and future. *Annual Review of Organizational Psychology and Organizational Behavior, 4*(1), 235-261.

Rynes, S. L., Brown, K. G., & Colbert, A. E. (2002). Seven common misconceptions about human resource practices: Research findings versus practitioner beliefs. *Academy of Management Perspectives, 16*(3), 92-103.

Rynes, S. L., Colbert, A. E., & O'Boyle, E. H. (2018). When the "best available evidence" doesn't win: How doubts about science and scientists threaten the future of evidence-based management. *Journal of management, 44*(8), 2995-3010.

Rynes, S.L., Colbert, A.E. & Brown, K.G. (2002). HR Professionals´ beliefs about effective human resource practice: Correspondence between research and practice. *Human Resource Management, 41*(2), 149-174.

Sanders, K., van Riemsdijk, M., & Groen, B. (2008). The gap between research and practice: a replication study on the HR professionals' beliefs about effective human resource practices. *The International Journal of Human Resource Management, 19*(10), 1976-1988.

Sleboda, P., & Sokolowska, J. (2017). Measurements of rationality: Individual differences in information processing, the transitivity of preferences and decision strategies. *Frontiers in Psychology, 8*, s. 1844.

Socialstyrelsen (2012). *Att skapa en grund för evidensbaserad praktik: En guide för ledningen i vård och omsorg.* Stockholm.

Svenska Akademien (2021). Information. *I Svensk ordbok (andra upplagan).* Hämtad den 31 januari 2025, från https://svenska.se/so/?id=134255&pz=7

Tangen, H. & Breyer Witt, R. (2015). *Evidensbaserad HR: från bra till bättre HR-leveranser.* Stockholm: Studentlitteratur.

Tangen, H. (2019). *Professionellt beslutsfattande: hur du som chef och ledare fattar evidensbaserade beslut.* Stockholm: Type and Tell.

Tannenbaum, S. I., & Cerasoli, C. P. (2013). Do team and individual debriefs enhance performance? A meta-analysis. *Human factors, 55*(1), 231-245.

Tawse, A., & Tabesh, P. (2021). Strategy implementation: A review and an introductory framework. *European Management Journal, 39*(1), 22-33.

Tengblad, S. (2000). Vad innebär Human Resource Management? I: O. Bergström & M. Sandoff (red.). *Handla med människor: Perspektiv på human resource management* (s. 11–26). Lund: Academia adacta

Tenhiälä, A., Giluk, T. L., Kepes, S., Simon, C., Oh, I. S., & Kim, S. (2016). The Research-Practice gap in human resource management: A Cross-Cultural study. *Human Resource Management, 55*(2), 179-200.

Terpstra, D.E. & Rozell, E.J. (1997). Sources of human resource information and the link to organizational profitability. *Journal of Applied Behavioral Science, 33*, s. 66-83.

Thilander, P. & Sköld Hultberg, L. (2020). *Personalvetenskapliga perspektiv på HR-organisering.* Stockholm: Liber.

Thilander, P. (2013). *Personalarbete och HR-transformation: Om samspel och relationer mellan linjechefer och HR-medarbetare.* Doktorsavhandling, Göteborgs universitet.

Wallo, A. & Coetzer, A. (2023), Understanding and conceptualising the daily work of human resource practitioners. *Journal of Organizational Effectiveness: People and Performance, 10*, 2, 180-198.

Wilder, D. A., Austin, J., & Casella, S. (2009). Applying behavior analysis in organizations: Organizational behavior management. *Psychological Services, 6*(3), 202-211.

Wood, S. (1999). Human resource management and performance. *International journal of management reviews, 1*(4), 367-413.

Wright, P.M, Gardner, T.M., Moynihan, L.M. & Allen, M.R. (2005). *The relationship between HR practices and firm performance: Examining causal order.* Center of Advanced Human Resource Center. CAHRS working paper series, 6-1-2004.

Yaniv, I., & Choshen-Hillel, S. (2012). Exploiting the wisdom of others to make better decisions: Suspending judgment reduces egocentrism and increases accuracy. *Journal of Behavioral Decision Making, 25*(5), 427-434.

Young, R. A. (2022). Using intervention research to adopt evidence-based management as a practical leadership capability. *Journal of Applied Leadership and Management, 10*, 22-40.